臺灣歷史與文化 研究輯刊

十三編

第 12 冊

歌仔戲坤生性別與表演文化之研究（上）

洪瓊芳 著

花木蘭文化事業有限公司

國家圖書館出版品預行編目資料

歌仔戲坤生性別與表演文化之研究（上）／洪瓊芳 著 — 初版
— 新北市：花木蘭文化事業有限公司，2018〔民 107〕
目 4+156 面；19×26 公分
（臺灣歷史與文化研究輯刊十三編；第 12 冊）
ISBN 978-986-485-304-5（精裝）
1. 歌仔戲 2. 演員 3. 性別研究 4. 臺灣
733.08　　　　　　　　　　　　　　　　107001597

ISBN-978-986-485-304-5

臺灣歷史與文化研究輯刊
十三編　第十二冊　　　　ISBN：978-986-485-304-5

歌仔戲坤生性別與表演文化之研究（上）

作　　者　洪瓊芳
總 編 輯　杜潔祥
副總編輯　楊嘉樂
編　　輯　許郁翎、王筑　美術編輯　陳逸婷
出　　版　花木蘭文化事業有限公司
發 行 人　高小娟
聯絡地址　235 新北市中和區中安街七二號十三樓
　　　　　電話：02-2923-1455／傳眞：02-2923-1452
網　　址　http://www.huamulan.tw 信箱 hml 810518@gmail.com
印　　刷　普羅文化出版廣告事業
初　　版　2018 年 3 月
全書字數　270141 字
定　　價　十三編 24 冊（精裝）台幣 60,000 元

歌仔戲坤生性別與表演文化之研究（上）

洪瓊芳　著

作者簡介

洪瓊芳

現職：實踐大學應用中文學系助理教授兼系主任

學歷：
國立中央大學中國文學系博士（93/08 ～ 99/06）
國立中正大學中國文學研究所碩士（90/08 ～ 93/05）
東海大學中國文學系學士（86/08 ～ 90/06）

得獎作品：
歌仔戲劇本／
《三目二郎神》（榮獲國藝會第七屆「歌仔戲製作及發表專案」補助）
《胡漢筅音》（榮獲 104 年教育部文藝創作獎教師組劇本優選）
《蛇髮女妖》（榮獲 105 年第六屆臺南文學獎劇本佳作）

音樂劇劇本／
《如是影憐》（榮獲 106 年第七屆臺南文學獎劇本佳作）

提　　要

　　歌仔戲的相關研究研究累積至今已有相當成果，不過在性別與表演關係這一區塊，礙於難以取得受訪者自身性／別認同的「自白」，所以一直無法深入做探討。本論文企圖突破以往田調之侷限，以個人多年與戲班接觸的經驗和培養之情誼，取得受訪者的信任，由她們現身說法講述其自身性／別越界之現象，進而以實際案例研究歌仔戲坤生性別與表演之關係，建構歌仔戲坤生的表演美學。

　　本論文從一個歌仔戲坤生的個案談起，從她複雜多變的人生經歷談到她個人的性／別越界現象；接著擴充個案，談歌仔戲藝人的性／別越界現象，並歸納幾種性／別越界的類型，探討性／別易動的可能原因。在眾多影響性／別越界的因素中，特別挑出與表演藝術有關的部分來進行探討，並建構出歌仔戲坤生的表演美學，提出虛實交錯、雌雄同體的表演美學觀，這一部份是討論到坤生表演都會提及的論點，本論文的獨特觀點在於進一步提出坤生的表演美學就是 T 美學的概念，這樣的概念是基於每個人皆有雙性傾向的假設基礎下提出的。也就是因為每個人都有雙性傾向，才能說明何以坤生會讓女戲迷為之瘋迷，而坤生自身也藉由性別錯位的表演而創造出一種新的性別，T 性別，且經年累月的易性演出，會讓她們更深地體悟到性別就是表演的概念，因此她們的性／別觀也較一般人來得寬廣。

聲明書

　　由於涉及隱私與倫理問題，本論文所採訪的歌仔戲藝人，均採用代號或化名形式。若有疑義，可透過適當法律途徑向本人查詢。

洪瓊芳

2010.6.29

謝　誌

　　一轉眼，來到中央已經六年了，感謝這些年來老師們所給予的指導和提攜。猶記碩論口考時，口試委員林鶴宜老師曾說歌仔戲尙未建構出自己的理論，只能引用外國或傳統戲曲理論。當時我就決定我要找出屬於歌仔戲的獨特特質，建構屬於歌仔戲的理論。現在我做到了一部份，也獲得口試委員一致的肯定，但我知道我只完成了一部份，未來還要繼續努力才行。

　　感謝一路相伴的劇團伙伴們，田調的順利全仰賴妳們的相助。很少人像我這般幸運吧，既能在協助劇團的行政工作與展演活動中獲得快樂與重要資訊，又能得到妳們眞誠的協助與關心，甚至硬著頭皮剖析自己的性／別觀，讓我的訪談能順利進行。可惜的是，爲了保護妳們，保護那些曾接受我訪談的藝人，我無法將妳們的名字打印出來，以免造成妳們日後的困擾，這是我很抱歉的地方。

　　還要謝謝青玉齋的師友們，一同練曲、互虧、「出堂會」的日子眞的很有趣，不知不覺中，南管竟也佔了我作息的一部份。依舊是音癡，但我永遠會記得知音的好友們，蕙、逸品、心怡、靜怡、信華、毛毛、朝証、倍卿、佳霖、昆樺學長、翔任學長……謝謝你們在我失落低潮時所給予的鼓勵與陪伴；還有我最親愛的家人以及 W.H.，謝謝你們一直包容疼愛著有些任性又固執的我。

　　最後，我想再感謝指導教授國俊老師、口試委員亞湘老師、石老師、孫玫老師、鶴宜老師所給予的寶貴意見和肯定鼓勵，讓我更有信心將論文送印交出。

第一章　緒　論

第一節　研究緣起

　　做爲臺灣本土戲曲代表的歌仔戲，有個很特別的現象，那就是大多數的演員都是女性，而且通常是女小生掛帥領班，戲迷也以女性居多。有趣的是臺灣歌仔戲並不是一開始就是以「全女班」爲主，相反的是，她的歷史發展是由全男班逐漸向全女班過渡。

　　兩岸戲曲劇種裡，臺灣歌仔戲跟大陸浙江越劇都有這樣「近全女班」的現象，而且兩個劇種的歷史發展也很類似，都是由全男班逐漸向全女班過渡，戲迷觀眾也以女性爲主。爲什麼會有這樣的現象？性別與表演的關係在這裡特別顯得耐人尋味。

　　爲什麼在歌仔戲的演出領域中，女演員的參與會擠壓掉男演員的表演空間？觀眾戲迷在這之中起了什麼作用？而這又對女演員造成什麼影響？筆者原欲同時對歌仔戲和越劇這兩個劇種進行研究，不過能掌握的資源、資料兩者相差懸殊，因爲在戲曲表演領域中，若要對性別做深入研究，深入戲班生活是最直接最有力的方法，而深入戲班生活、取得信任需要的是時間與機緣，所以在衡量現實問題後，本論文最後決定以歌仔戲坤生（女小生）爲研究主軸。

　　有次同一位戲班團長兼當家小生的女藝人去看歌仔戲，看完戲她跟筆者說的第一句話就是：「某某角色爲什麼不用女小生？而要一個男演員來擔綱？」這是一個圈內人的觀點，身爲歌仔戲戲班團長兼當家小生的她，在她

自己的班裡也培育一個男小生，不過當她在欣賞歌仔戲演出時，依舊認為歌仔戲演出要更臻完美，要角的選擇女小生比男小生來得好。

「性別」與「表演」到底是怎樣的關係？為什麼在歌仔戲的觀賞世界裡，女小生會比男小生對觀眾，尤其是女性觀眾產生更大的吸引力？為什麼女演員透過裝扮形塑的新「性別」會比真實男性更具魅力？爾後在做田野調查時，發現演員角色扮演有意無意間會建構出「性別」與「情慾」的流轉迴旋，也就是透過表演演員與戲迷會重新建構出新的性別互動，那性別究竟是本質論〔註1〕？亦或是建構論〔註2〕？若說是建構論，男女身體天生的某些差異又是那麼明顯；若說是本質論，那同性戀情的 T 角色（同性戀中陽剛者）又當如何解釋？坤生又為何能讓女戲迷為之瘋狂？甚至讓人甘心拋夫棄子隨之遊走？〔註3〕

除了性別與表演的問題之外，當性別與表演相互滲透、影響，逐漸在戲班形成一種文化概念，或是特殊符碼，如「朋友」、「賞金」等文化符碼，而這些特殊符碼又反過來強化性別與表演的關係，性別、表演、文化這三者便形成密不可分的特殊關連，造就、維繫著歌仔戲坤生的種種現象，這些千絲萬縷、欲斷還連的脈絡糾葛，正是筆者極欲解開的迷團。

第二節　文獻回顧

自從二十世紀七○年代以來，隨著本土意識的高漲，以及政府相關文化政策的擬定，做為本土文化藝術代表之一的歌仔戲，開始受到學界重視，以她為研究對象的學位論文（參見本節表一）、專書撰寫〔註4〕、傳藝委託案〔註5〕、

〔註1〕 所謂的本質論，是指認為性／別是先驗性存在的，非由後天所建構出來的。

〔註2〕 所謂的建構論，是指性／別觀念是建構出來的，並非先天自然而然形成的。

〔註3〕 2008 年 8 月高雄縣曾有一則社會新聞，一婦女因太迷歌仔戲，五年離家二十次，導致夫妻離異。詳見 2008 年 8 月 27 日「壹蘋果網路」新聞，及 2008 年 8 月 28 日《聯合報》http：//udn.com/NEWS/SOCIETY/SOC7/4493286.shtml，均有相關報導。
又如歌仔戲知名小生洪明雪於 2001 年 11 月 6 號受訪時曾言道：「還有一次，跟一個查某戲迷太好，弄到讓人家丈夫吃醋，他誤會我是查甫的，到台北第一分局告我，說他老婆包袱款款跟我跑，新聞報得很大篇，告到我出名。」詳見吳孟芳：《臺灣歌仔戲坤生文化之研究》，臺灣大學戲劇研究所碩士論文，2002 年 6 月，頁 66。

〔註4〕 單以歌仔戲為研究主題的學術專書，如：

國科會計畫〔註6〕等等如雨後春筍般湧現發展，研究面向有曲調音樂、發展變遷、劇團組織經營、劇目文本、人物傳記、表演概念、劇藝評論、語言詞彙、觀演關係、文化現象、國家政策、教育學習等等，可說是琳瑯滿目，成果豐碩，不過作爲以女演員爲主力的劇種代表，在性別與表演這一區塊，歌仔戲的研究還有待深入挖掘。

　　在前人的研究成果裡，與歌仔戲性別議題相關的有黃雅勤的《日治時期之內台歌仔戲全女班》〔註7〕、吳孟芳的《臺灣歌仔戲坤生文化之研究》〔註8〕、

曾永義：《臺灣歌仔戲的發展與變遷》（台北市：聯經出版事業公司），1988年5月初版，1997年10月初版三刷。

張炫文：《歌仔調之美》，台北縣汐止鎮：漢光文化事業股份有限公司，1998年7月。（由學位論文修編而來）

徐麗紗的《臺灣歌仔戲唱曲來源的分類研究》（台北市：學藝出版社），1991年6月。（本是學位論文）

莫光華：《臺灣歌仔戲論文輯錄》（台中市：臺灣省地方戲劇協進會），1996年1月。

林鶴宜：《臺灣歌仔戲》（台北市：聯經出版事業公司），2000年11月。

邱坤良：《陳澄三與拱樂社——臺灣戲劇史的一個研究個案》（台北市：國立傳統藝術中心籌備處），2001年12月。

楊馥菱：《臺閩歌仔戲之比較研究》（深坑鄉：學海出版社），2001年12月。

楊馥菱：《臺灣歌仔戲史》（台中市：晨星出版有限公司），2002年12月。

蔡欣欣：《臺灣歌仔戲史論與演出評述》（台北市：里仁書局），2005年9月。

林茂賢：《歌仔戲表演型態研究》（台北市：前衛出版社），2006年7月。

〔註5〕如邱坤良主持的「拱樂社劇本整理計畫」、林鶴宜和蔡欣欣共同主持的「採擷歷史的光影——歌仔戲照片蒐集保存計畫」、林茂賢主持的「歌仔戲重要詞彙編纂計畫」、蔡欣欣主持的「說戲、戲說——內台歌子戲資深藝人口述劇本整理計畫」等等。

〔註6〕如蔡欣欣主持之「臺灣地區歌仔戲研究論述及演出劇目初編」、「內台歌仔戲『曲藝』與特技家班：臺灣演劇史的基礎資料研究」、「『桃竹苗』地區採茶戲與歌仔戲之交流：臺灣演劇史基礎資料研究」；林鶴宜主持之「九０代台北地區野台歌仔戲演出活動調查研究」、「臺灣歌仔戲歷史建構計畫之（I）：戰後初期歌仔戲劇團研究」、「臺灣歌仔戲歷史建構計畫之（II）：日據時期歌仔戲劇團研究」、「臺灣歌仔戲歷史建構計畫之（III）：現階段歌仔戲劇團研究」、「歌仔戲的戲劇概念與理論建構：以敘事學、曲學和劇學爲重心」ⅠⅡ；汪志勇主持之「陳桂英女士廣播歌仔戲劇本整理改編計劃」；楊馥菱主持之「臺灣歌仔戲百年發展史研究」、司黛蕊主持之「90年代後的歌仔戲：國家認同、多元文化主義、階級美學」；林永昌主持之「高雄地區歌仔戲的發展與變遷研究」ⅠⅡ；謝筱玫主持之「彼岸：歷史，表演，歌仔戲」等等。

〔註7〕黃雅勤：《日治時期之內台歌仔戲全女班》，藝術學院戲劇學系碩士班戲劇理論組碩士論文，2000年1月。

—蕭伶玲的《朋友（bein-yu）的社會學研究：以野台歌仔戲的觀演關係為例》〔註9〕、鄧雅丹的《〈失聲畫眉〉研究：鄉下酷兒的再現與閱讀政治》〔註10〕、林沿瑜的《倚坐歌仔戲窗口思索舞台上顛鸞倒鳳的成因》〔註11〕、陳崇民的《臺灣歌仔戲女身男相之角色轉化：以府城秀琴歌劇團為例》〔註12〕等幾本學位論文。

　　黃雅勤的《日治時期之內台歌仔戲全女班》開啟歌仔戲性別議題研究之先鋒，她的論文先對中國及臺灣的女班略作耙梳工作，接著探討日治時期歌仔戲女班形成之原因及組織經營，最後探究歌仔戲女演員的表演特色，提出由女演員來扮演小生，不僅可以塑造出女人心目中的「男人」形象，並為女觀眾提供一個安全的場域讓她們可以理直氣壯地迷戀舞台上的異性，而不受到社會的非議，因為小生是由女性所飾演。

　　吳孟芳的《臺灣歌仔戲坤生文化之研究》在黃雅勤論文的基礎上進一步考察了歌仔戲坤生的歷史發展，並對於黃雅勤論文所提出之服裝、哭調等跟歌仔戲風格形塑密切相關的議題進行後續發展之剖析，提出歌仔戲坤生陰陽共體所造成的吸引力，並說明坤生文化對臺灣歌仔戲的影響，啟發本論文對歌仔戲坤生性別與表演的關係做進一步研究——坤生陰陽共體的魅力創造了一種 T 美學的概念，女觀眾迷戀的不只是舞台上的異性形象，而是坤生形象會誘發每個人潛藏的雙性戀特質。

　　蕭伶玲的《朋友（bein-yu）的社會學研究：以野台歌仔戲的觀演關係為例》，對於歌仔戲特殊符碼「朋友」的關照，引發筆者的共鳴與認同，同時又覺得似乎少了那麼一點關鍵的東西，因為蕭伶玲主要是從戲迷戲箱的田野調查結果來建構「朋友」這個歌仔戲語彙，來反思女觀眾與女演員的友誼互動關係，很細膩也有其深度與價值，但其論述中似乎遺漏或淡化了某些面向，

〔註8〕 吳孟芳：《臺灣歌仔戲坤生文化之研究》，臺灣大學戲劇研究所碩士論文，2002年6月。

〔註9〕 蕭伶玲：《朋友（bein-yu）的社會學研究：以野台歌仔戲的觀演關係為例》，清華大學社會學研究所碩士論文，2004年7月。

〔註10〕 鄧雅丹：《〈失聲畫眉〉研究：鄉下酷兒的再現與閱讀政治》，清華大學中國文學系碩士論文，2005年7月。

〔註11〕 林沿瑜《倚坐歌仔戲窗口思索舞台上顛鸞倒鳳的成因》，政治大學新聞研究所碩士論文，2007年7月。

〔註12〕 陳崇民《臺灣歌仔戲女身男相之角色轉化：以府城秀琴歌劇團為例》，台南大學戲劇創作與應用學系碩士論文，2008年。

一直到筆者被某坤生「提醒」,「朋友」的交往是有其規範的,便著手從圈內人的觀點來探討「朋友」的意涵和其規範。

　　林沿瑜的《倚坐歌仔戲窗口思索舞台上顛鸞倒鳳的成因》,在吳孟芳論文的基礎上,對於歌仔戲何以在二十世紀五〇年代由坤生掛帥後能延續至今,做了一些歷史耙梳。他認為是六〇年代初藝霞歌舞團的成立,「為全女班組織型態提供反串的土壤」〔註13〕,以及七〇年代電視歌仔戲巨星楊麗花鞏固了歌仔戲坤生的地位,並探討了歌仔戲由全男班到全女班的變遷原因,從因應社會性別關係和表演體系的變化來探討歌仔戲男串女、女串男得以成立的關鍵因素;陳崇民的《臺灣歌仔戲女身男相之角色轉化:以府城秀琴歌劇團為例》,主要在探討歌仔戲易性扮演歷史與女身男相的角色塑造,但對於後者的討論失之焦點。

　　鄧雅丹的《〈失聲畫眉〉研究:鄉下酷兒的再現與閱讀政治》,以性／別政治的觀點重讀根據真實歌仔戲班故事改編的《失聲畫眉》〔註14〕所再現的性少數,藉以分析低階性別群體的再現政治與閱讀政治,以及多重階序間的角力,對於本論文也有所啟迪,而且有趣的是在本論文田調訪談中,無意間訪問到曾經待過《失聲畫眉》裡所提及的錄音班〔註15〕歌仔戲班藝人〔註16〕,正好可作為錄音班狀況的對照。

〔註13〕 林沿瑜《倚坐歌仔戲窗口思索舞台上顛鸞倒鳳的成因》,政治大學新聞研究所碩士論文,2008 年,頁 15。林沿瑜所謂的「反串」,非指戲曲行當的反串,而是指男扮女,女扮男的跨性別扮裝表演。

〔註14〕 凌煙:《失聲畫眉》(台北市:自立晚報社文化出版部),1991 年 11 月。

〔註15〕 民間歌仔戲班分為「肉聲班」和「錄音班」兩種,「肉聲班」指演員在舞台上的演出是自己開口唱的;「錄音班」由拱樂社的負責人陳澄三首創,以事先錄製好的錄音帶取代前場演員的唸白、唱腔及後場樂師,演員只要對嘴演出即可。

〔註16〕 D 小生曾待過《失聲畫眉》所提到的明光歌劇團,她受訪時因一再被問到感情問題,所以開玩笑地問:「莫非妳要做那個?那個電影?那會成名,得百萬獎金也不錯……」(《失聲畫眉》是臺灣第一部得到百萬獎金的小說),在旁的 M 小生母親補充說:「她說的就是一個女孩子去學戲……」同行的 B 三花說:「那是在明光歌劇團,我也是在那兒跟她認識的。」D 小生回說:「對啊,好險那時候我還沒進去,不然那個就是我了,荔枝還是李子?」B 三花好像誤會 D 小生的意思,她說:「那時候我去很少在表演這個……」D 小生趕緊說:「哪有啦,哪有在表演李子的事情,就是電影……」M 小生媽媽插話:「寫同性戀那個……」

受訪者:D 小生。時間:2009 年 12 月 22 日 18:48〜20:00。地點:M 小生家客廳。備註:J 小生、B 三花陪筆者一起進行訪談,在場者還有 M 小生跟她的媽媽。

　　另外，葉玫汝的《臺灣外臺歌仔戲人物造形藝術研究》〔註17〕，也在扮妝服飾方面提供本論文不少幫助，因為坤生的表演內容之一，與其扮妝服飾是脫不了關係的。

　　除了上述幾本歌仔戲學位論文外，本論文的表演理論還得益於巴特勒（Judith Butler）的「性別操演」理論，她在《性／別惑亂──女性主義與身份顛覆》（"Gender Trouble:Feminsm and the Subversion of Identity"）〔註18〕一書中討論性別認同議題時，提出並沒有一個先驗的性別認同觀點，性／別其實是經由不斷地重複個人性慾取向而建構出來的。巴特勒同時又強調她所謂的操演，不是指舞台上的表演，可以任意扮男扮女，而是根植於心靈活動的一種展現。周慧玲則認為巴特勒對於 performativity 非 performance 的強調，透露出巴氏對表演行為本身的認識不夠，忽略了演員自我與角色多重互動的可能性。〔註19〕本文贊同周慧玲的見解，坤生性／別的建構與舞台扮演會交互型塑，謝喜那（或譯作謝克納 Schechner ,Richard）「演員既不是處於劇中人的狀態，也不是他/她自己的狀態」的雙重否定表演理論，也指出演員透過表演活動會產生兩種變化，一是演員可能因為太受劇中人物影響而被「永久改變」，一是透過「熱身──演出──冷卻」這一正常的表演過程，演員只在演出時暫時變成另一個人，透過冷卻的功夫，他又會回到自己原來的狀態，不過「每一場個別的表演都會使演員產生短暫的改變，而一連串短暫的改變將導致演員永久的人格變化。」〔註20〕

　　總言之，本論文在前人的基礎上，進一步從歌仔戲藝人自己的現身說法中，挖掘歌仔戲坤生性別與表演的關係，其價值在於恐同症（同性戀恐懼症）猶存的現在取得當事人信任與證明，由歌仔戲坤生真實人生的性／別認同來探索舞台表演與性別的關係和其交錯的結果。

〔註17〕　葉玫汝：《臺灣外臺歌仔戲人物造形藝術研究》，臺北藝術藝術大學戲劇學系碩士論文，2007 年 2 月。

〔註18〕　巴特勒（Judith Butler）著、林郁庭譯：《性／別惑亂：女性主義與身份顛覆》（苗栗縣：桂冠圖書股份有限公司），2008 年 12 月。

〔註19〕　周慧玲：〈中西現代劇場中的性別扮演與表演理論：兼論文化借用或挪用〉，《第三屆文學與宗教國際會議論文集：戲劇、歌劇與舞蹈中的女性特質與宗教意義》（新莊市：輔仁大學外語學院），1998 年 10 月，頁 59～76。

〔註20〕　詳參謝克納（Schechner, Richard）著、曹路生譯：《環境戲劇》（北京：中國戲劇出版社），2001 年 5 月，頁 188。及周慧玲：〈中西現代劇場中的性別扮演與表演理論：兼論文化借用或挪用〉，《第三屆文學與宗教國際會議論文集：戲劇、歌劇與舞蹈中的女性特質與宗教意義》（新莊市：輔仁大學外語學院），1998 年 10 月，頁 59～76。

表一：1973～2009 歌仔戲學位論文

研究範圍	論文名稱	研究者	研究系所及碩博論	年代
歷史變遷	臺灣歌仔戲的演變過程——一項人類學研究	陳秀娟	臺灣大學考古人類研究所碩論	1987
	由拱樂社看臺灣歌仔戲之發展與轉型	劉南芳	東吳大學中國文學研究所碩論	1988
	九天風火子弟兵：臺灣歌仔戲發展的探討與過程	林大欽	銘傳管理學院大眾傳播研究所碩論	1995
	由劇團看高雄市歌仔戲之過去現在與未來	劉美菁	高雄師範大學國文學系碩論	1996
	傳統戲曲在臺灣現代化之過程探討	林顯源	中國文化大學藝術研究所戲劇組碩論	1998
	臺灣四十年代到六十年代歌仔戲之變遷：以嘉義「桂秋雲歌劇團」與台中「劉文和女子歌劇團」（1950～1970）為討論對象	童艷雯	花蓮教育大學民間文學所碩論	2006
	臺南市歌仔戲的發展與變遷	林永昌	成功大學中國文學系碩博士班博論	2006
	台中市萬和宮字姓戲研究	周恬宇	彰化師範大學國文學系碩論	2009
各時期歌仔戲	宜蘭本地歌仔之研究	林素春	中國文化大學藝術研究所戲劇組碩論	1994
	歌仔戲電影研究	施如芳	藝術學院傳統藝術研究所碩論	1997
	賣藥團：一個另類歌仔戲班的研究	劉秀庭	藝術學院傳統藝術研究所碩論	1999
	日治時期之內台歌仔戲全女班	黃雅勤	藝術學院戲劇學系戲劇理論組碩論	2000
	從劇場演出看歌仔的現代化	郭澤寬	南華大學美學與藝術管理研究所碩論	2000
	九〇年代臺灣地區現代劇場歌仔戲研究	葉嘉中	東吳大學中國文學系碩論	2004
	戲院與劇團：臺灣高南兩市內台歌仔戲之研究	劉處英	成功大學藝術研究所碩論	2005
	國家政策下的外台歌仔戲班：以1990年代後期迄今之創作演出為觀察重心	紀慧玲	臺灣大學戲劇學研究所碩論	2007
	尋找台語片的類型與作者：從產業到文本	林奎章	臺灣大學戲劇學研究所碩論	2008
音樂唱腔	歌仔戲的音樂研究	張炫文	中國文化學院藝術研究所碩論	1973
	歌仔戲唱腔曲調研究	劉安祺	臺灣師範大音樂研究所碩論	1983

	臺灣歌仔戲唱曲來源的分類研究	徐麗紗	臺灣師範大音樂研究所碩論	1987
	論歌仔戲即興唱腔方式的應用	莊桂櫻	中國文化大學藝術研究所碩論	1993
	歌仔戲『陳三五娘』音樂版本比較	孫麗娟	中國文化大學藝術研究所碩論	1999
	民權歌劇團外台歌仔戲的音樂運用	黃慧琥	臺灣大學音樂學研究所碩論	2000
	臺灣歌仔戲武場音樂研究	呂冠儀	南華大學美學與藝術管理研究所碩論	2002
	明華園戲劇團《濟公活佛》音樂變遷之研究	陳孟亮	南華大學美學與藝術管理研究所碩論	2002
	歌仔戲歌唱藝術研究	蔡淑慎	東吳大學音樂學系碩論	2002
	臺灣歌仔戲胡琴音樂研究	賴達達	南華大學美學與藝術管理研究所碩論	2003
	臺灣歌仔戲文場樂器的變遷與應用	張桂菁	臺灣師範大學音樂研究所碩論	2004
	電視調對臺灣歌仔戲曲調運用的研究	柯銘峰	南華大學美學與藝術管理研究所碩論	2006
	國樂樂師對當代歌仔戲音樂發展之影響探討	周于甄	南華大學美學與藝術管理研究所碩論	2006
	歌仔戲不同歷程之【七字調】唱腔中的行腔轉韻風格	林怡伶	台北藝術大學音樂學研究所碩論	2006
	外台歌子戲唱腔研究：以 2004、2005 年國藝會專案為例	吳婉君	臺灣師範大學民族音樂研究所碩論	2006
	臺灣 1991～2004 年間「劇場歌仔戲」音樂設計手法探討──以河洛歌子戲團為例	張元眞	臺灣師範大學民族音樂研究所碩論	2007
	由許再添的樂師生涯探傳播媒介對於歌仔戲曲調運用之影響	盧佳慧	臺灣師範大學民族音樂研究所碩論	2008
	許秀年之歌子戲唱腔藝術研究	潘韻名	台北藝術大學傳統藝術研究所傳統音樂戲曲組碩論	2008
	明華園歌仔戲團《蓬萊大仙》之音樂研究	戴麗雪	臺灣師範大學音樂學系在職進修碩士班碩論	2009
	唐美雲從業歷程及其唱腔藝術研究	蘇盈恩	臺灣師範大學民族音樂研究所碩論	2009
劇團經營	歌仔戲劇團結構與經營之研究	黃秀錦	中國文化大學藝術研究所碩論	1987
	臺灣歌仔戲劇團經營管理之研究──以宜蘭縣職業歌仔戲團為例	孫惠梅	中國文化大學藝術研究所碩論	1997
	明華園歌仔戲團演藝實踐及經營研究	楊永喬	臺灣大學戲劇研究所碩論	2001
	台中『國光歌劇團』研究	林淑美	中興大學中國文學系在職專班碩論	2003

	大橋頭「復興社」研究	高振宏	政治大學中國文學研究所碩論	2004
	從關係行銷探討表演藝術產業：以「明華園」爲例	陳文斌	台中健康暨管理學院國際企業研究所碩論	2004
	高雄市歌仔戲劇團生態與經營管理之研究	陳昱馨	中山大學藝術管理研究所碩論	2006
	論臺灣錄音歌仔戲之變遷：以高雄日光歌劇團爲例	洪雅菁	成功大學藝術研究所碩論	2006
	七○年代以來臺灣歌仔戲的現代性回應及其經營模式研究	許美惠	台北藝術大學藝術行政與管理研究所碩論	2007
	國北師歌仔戲社之探討	林淑靜	臺灣師範大學國文學系在職進修碩士班碩論	2007
	歌仔戲產業的創新策略探討：以明華園歌仔戲團爲例	許惠華	中央大學管理學院高階主管企管碩士班碩論	2009
	明珠女子歌劇團研究	簡秀苑	中興大學臺灣文學研究所碩論	2009
劇目文本	現今舞台歌仔戲劇本之研究舉隅	李珮君	高雄師範大學國文學系碩論	1997
	河洛劇團歌仔戲舞台演出本之研究	鄭宜峰	中國文化大學藝術研究所碩論	1998
	呂蒙正故事研究	白懿馨	中央大學中國文學研究所碩論	1998
	廖瓊枝歌仔戲舞台演出本之研究	陳俊玉	中國文化大學藝術研究所碩論	1999
	台北地區外台歌仔戲「胡撇仔」劇目研究	謝筱玫	臺灣大學戲劇研究所碩論	2000
	《刺桐花開》、《MAN2》之角色詮釋	胡修維	藝術學院劇場藝術研究所碩論	2000
	當代臺灣戲曲跨文化改編（1981～2001）	黃千凌	台大戲劇所	2001
	明華園戲劇團《濟公活佛》之研究	康素慧	中國文化大學藝術研究所碩論	2002
	明華園歌仔戲劇團《界排關傳說》演出本之研究	郭慧敏	玄奘人文社會學院中國語文研究所碩論	2003
	論本地歌仔呂蒙正	高明瑋	台北大學民俗藝術研究所碩論	2003
	梁祝故事流佈之研究：以臺灣地區歌仔冊與歌仔戲爲範疇	秦毓茹	花蓮師範學院民間文學所碩論	2004
	歌仔戲《呂蒙正》劇本用字研究——以陳旺欉「口述本」及陳健銘「整理本」爲例	蔡瑋玲	政治大學國文教學碩士學位班碩論	2004
	京劇與歌仔戲《孔雀膽》之比較探究	曾琴芳	臺灣師範大學國文學系碩論	2006
	河洛歌仔戲舞台演出本之研究：以《臺灣，我的母親》、《彼岸花》、《東寧王國》爲例	柯孟潔	台北大學民俗藝術研究所碩論	2006
	歌仔戲劇本創作集暨創作理念	許芳慈	臺灣大學戲劇學研究所碩論	2006

	跨場域舞台的戲劇創作與轉化：陳守敬歌仔戲寫作技巧探析	林玉如	臺灣大學戲劇學研究所碩論	2007
	蘭陽戲劇團《錯配姻緣》研究	蔡婉君	臺灣師範大學國文學系在職進修碩士班碩論	2007
	歌仔戲劇本中的臺灣意識研究——以《東寧王國》《彼岸花》《臺灣，我的母親》為例	張繻月	高雄師範大學國文教學碩士班碩論	2007
	臺灣「現代劇場歌子戲」創作劇本研究	陳玟惠	高雄師範大學國文學系博論	2007
	外台歌仔戲文本分析：以「府城秀琴歌劇團」的三個劇目為例	杜曉琪	臺南大學戲劇創作與應用學系碩論	2008
	歌仔戲古路戲劇目的敘事程式與變形程式探論	蘇怡安	臺北藝術大學傳統藝術研究所碩論	2009
社會文化	戰後臺灣歌仔戲流變的社會學分析	蘇碩斌	臺灣大學社會學研究所碩論	1992
	歌仔戲中的女性形象及其所反映的臺灣社會：以本地歌仔《山伯英台》《呂蒙正》為例	林春菊	中興大學中國文學系研究所碩論	1998
	臺灣歌仔戲坤生文化之研究	吳孟芳	臺灣大學戲劇研究所碩論	2001
	倚坐歌仔戲窗口思索舞台上顛鸞倒鳳的成因	林沿瑜	政治大學新聞研究所碩論	2008
	蘭陽平原唱相褒歌的民間文化——以礁溪鄉、員山鄉、冬山鄉為田野	游冠軍	台北大學民俗藝術研究所	2008
表演概念（含演藝歷程）	野台歌仔戲演出風格之研究	黃雅蓉	中國文化大學藝術研究所碩論	1995
	葉青歌仔戲表演藝術之研究	李雅惠	台師大國文所	1997
	楊麗花及其歌仔戲藝術之研究	楊馥菱	東海大學中國文學系碩論	1997
	外臺歌仔戲演員表演概念之探討——九〇年代末期台北地區的圈內觀點	江秋華	臺灣大學戲劇研究所碩論	2000
	高雄市歌仔戲藝人陳桂英表演及教學藝術研究	陳玟惠	高雄師範大學國文學系國文教學碩論	2002
	臺灣野台歌仔戲丑角研究——以台南市秀琴歌劇團為例	陳郁菁	成功大學藝術研究所碩論	2003
	河洛歌仔戲表演藝術之研究：以《闖堂救婿》、《殺豬狀元》、《鳳凰蛋》、《新鳳凰蛋》、《鳳冠夢》為例	張艾斐	南華大學文學研究所碩論	2003
	小咪（陳鳳桂）演藝生涯研究——從歌舞劇團到歌仔戲界	陳銀桂	政治大學中國文學研究所碩論	2003
	陳美雲演藝史及其演出本三種研究	邱美慈	文化大學藝術研究所碩論	2003

	歌仔戲坤生郭春美表演藝術與表演美學之研究	洪瓊芳	中正大學中國文學系碩論	2003
	外台歌仔戲藝人表演風格形塑之探討：以蔡美珠演藝歷程爲對象	陳慧玲	台北藝術大學戲劇學系研究所碩論	2005
	臺灣歌仔戲小生陳昭香表演藝術之研究	黃如薇	中國文化大學藝術研究所碩論	2006
	《流轉》歌仔戲十年專場的舞台實踐	許麗坤	台北藝術大學劇場藝術研究所碩論	2007
	臺灣歌仔戲女身男相之角色轉化：以府城秀琴歌劇團爲例	陳崇民	臺南大學戲劇創作與應用學系碩論	2008
	臺灣歌仔戲「胡撇仔」表演藝術進程與階段性特質	陳幼馨	臺灣大學臺灣文學研究所碩論	2009
導演概念	臺灣「歌仔戲」導演之探討	劉信成	中國文化大學藝術研究所碩論	1996
	歌仔戲導演創作歷程之研究	劉同貴	臺灣師範大學創造力發展碩士在職專班碩論	2009
觀演關係	野台歌仔戲演員與觀眾的交流	邱秋惠	中國文化大學藝術研究所碩論	1998
	通俗文化的構成與轉型：電視歌仔戲及其觀眾之研究	郭美芳	輔仁大學大眾傳播學研究所碩論	2000
	朋友（bein-yu）的社會學研究：以野台歌仔戲的觀演關係爲例	蕭伶玲	清華大學社會學研究所碩論	2004
	從體驗行銷的觀點探討傳統表演藝術觀眾行爲——以舞台歌仔戲爲例	李金峰	臺北藝術大學藝術行政與管理研究所碩論	2005
	戲臺明滅：宜蘭野台歌仔戲演員的執業與生活面	陳鈺羚	東華大學族群關係與文化研究所碩論	2006
台閩比較	台閩歌仔戲比較研究	楊馥菱	輔仁大學中國文學研究所博論	2000
語言詞彙	《天河配》詞彙研究	陳宜青	中山大學中國文學研究所碩論	2001
	「河洛歌子戲團」劇本語言之研究	王良友	彰化師範大學國文學系碩論	2003
	臺灣早期歌仔戲之語文美研究：以陳旺欉口述劇本《本地歌仔山伯英台》爲例	徐曉萍	新竹教育大學臺灣語言與語文教育研究所碩論	2009
	拱樂社歌仔戲劇本之語言研究：以《金銀天狗》爲例	林佳怡	臺灣師範大學臺灣文化及語言文學研究所碩論	2009
休閒理論	野台歌仔戲演員之生涯研究：以認眞休閒理論探討	洪勝全	東華大學觀光暨遊憩管理研究所碩論	2003
	以認眞休閒理論探討歌仔戲迷的心路歷程：以「明華園」戲迷爲例	蘇怡如	南華大學旅遊事業管理學系碩論	2008
劇場	搬演「臺灣」：日治時期臺灣的劇場、現代化與主體型構（1895～1945）	石婉舜	臺北藝術大學戲劇學系博論	2009

教育學習	應用 WebQuest 在國民中學藝術與人文領域學生學習動機與成效之研究：以歌仔戲欣賞教學爲例	吳品萱	淡江大學教育科技學系碩士在職專班碩論	2007
	臺灣傳統藝術教育之永續發展：以宜蘭縣「國中小教師歌仔戲傳習計畫」爲對象	楊喬安	佛光大學未來學系碩論	2008
	歌仔戲教學對國小兒童學習鄉土語言興趣影響之研究：以士林國小五年級學生爲例	陳薇琳	臺北教育大學音樂教育學系碩論	2007
	宜蘭縣歌仔戲研習班學員學習與教師教學現況之探究	陳秀眞	佛光大學社會教育學研究所碩論	2008
	從歌仔戲表演藝術探討國民小學藝術與人文課程之多元價值	郭香蘭	臺北教育大學音樂學系碩論	2009
國家政策下的歌仔戲	文化政策下的臺灣歌仔戲——1982～2002	張祖慈	中國文化大學中國文學研究所在職專班碩論	2005
	箍制與競技：地方戲劇比賽變遷的歷史解讀	王雲玉	台北藝術大學傳統藝術研究所碩論	2008
	我們賴以生存的「戲」：試論歌仔戲圈的國家經驗	李佩穎	清華大學社會學研究所碩論	2008
指揮	臺灣歌仔戲之指揮研究	李訓麟	臺灣師範大學音樂學系在職進修碩士班碩論	2007
服飾造型	臺灣歌仔戲服飾結合西方十八世紀時尚元素之創作：以薛平貴與王寶釧一劇爲例	楊智豪	樹德科技大學應用設計研究所碩論	2007
	臺灣外臺歌仔戲人物造型藝術研究	葉玫汝	台北藝術大學戲劇學系碩論	2007
小說研究	《失聲畫眉》研究：鄉下酷兒的再現與閱讀政治	鄧雅丹	清華大學中國文學系碩論	2005
	九〇年代以來臺灣小說中的戲曲文化景觀：以《行過路津》、《戲金戲土》、《失聲畫眉》、《扮裝畫眉》爲考察中心	連姿媚	中正大學臺灣文學所碩論	2009
電腦動畫	《阿登仔來扮戲》——外台歌仔戲丑角結合電腦動畫之創作研究	張光祥	臺灣藝術大學多媒體動畫藝術學系碩論	2009

第三節　坤生溯源

　　戲曲表演中，坤生乾旦是屬於易性的表演，所謂的坤生就是以女演員充任代表男性角色的生行，乾旦就是以男演員充任代表女性角色的旦行。許多劇種都有坤生、乾旦，而以坤生著名的劇種非越劇與歌仔戲莫屬，因爲現今

幾乎所有的越劇或歌仔戲一線小生都是坤生。至於乾旦，最爲人所熟知的就是京劇在一九三〇年代前後，出現了四大名旦──梅蘭芳、尚小雲、程硯秋、荀慧生，並成爲京劇旦行流派的代表至今。

　　關於歌仔戲的發展歷史，已有許多人做過研究，是以不再贅述，至於歌仔戲坤生的發展歷史，台大戲劇所吳孟芳的碩士論文《臺灣歌仔戲坤生文化之研究》〔註 21〕的第二章「臺灣歌仔戲坤生文化之形成」也做過相關的調查和探討，歌仔戲女小生誕生於一九二〇年代，光復後的四〇年代逐漸威脅到男小生的地位，五〇年代則全面取代男小生的當家地位，成爲歌仔戲表演與文化內涵之一。

　　坤生不是歌仔戲特有的產物，某些戲班文化（如賞金）也非歌仔戲特有的現象，只是當某些偶然造成必然，歌仔戲的坤生文化便成爲特殊的現象，性別與表演在當中起著關鍵的作用，當然若就發展軌跡來看，所謂的特殊可能一點也不特殊，一切都是有跡可尋，是歷史發展的結果。

　　既是歷史發展的結果，那要對歌仔戲坤生進行檢視之前，就有必要對何時開始有女演員出現，何時女演員開始充任生行進行歷史的耙梳與整理工作，以便與歌仔戲坤生相對照。

　　對於戲劇、戲曲何時誕生，學界有不同的看法〔註 22〕，有學者如王國維、鮑文鋒等認爲先秦充當祭祀儀式的女性「巫」者是戲劇起源〔註 23〕；有學者如陳多、謝明合則認爲先秦的部分優人即是戲劇演員，因爲他們已有妝扮、飾演人物的特色，如優孟著孫叔敖衣冠，不過載於史冊的優施〔註24〕、優孟〔註25〕、

<hr>

〔註21〕　吳孟芳：《臺灣歌仔戲坤生文化之研究》，臺灣大學戲劇研究所碩士論文，2002年 6 月。

〔註22〕　詳參曾永義：《戲曲源流新論》（台北縣：立緒文化事業有限公司），2000 年 4月，頁 19〜113。

〔註23〕　「巫，巫祝也，女能事無形，以舞降神者也，象人兩褎舞形，與工同意。古者巫咸初作巫。凡巫之屬皆從巫。」詳參（漢）許愼撰、（清）段玉裁注、（民國）魯實先正補：《說文解字注》（台北市：黎明文化事業股份有限公司），1988年 10 月，頁 203。

〔註24〕　優施是先秦優人有姓名可考者的第一人，《國語》卷七「晉語」中記載他「通於驪姬」，而驪姬有私心，欲立自己的兒子悉齊爲太子，於是便向優施問計。優施他與國君之妃有染，他的德行首先受到質疑，在獻計干政上，他的奸詐險惡更是顯露無遺，史上有名的「驪姬之禍」──晉國太子申生被譖殺、公子重耳、夷吾流亡，造成晉國悲劇的幕後主導者正是優施。（周・左丘明撰、吳・韋昭注：《國語》（樹林鎮：漢京文化事業有限公司，1983 年 12 月），頁

優㫋〔註 26〕等優人還稱不上是合歌舞演故事的戲曲演員，因爲「倡優表演的本質在最初並不是裝扮故事，而是透過滑稽戲謔、詼諧機敏的言語措辭來製造笑料。」〔註 27〕甚至逐漸形成一個傳統，將對君王的諷諫之言，或暗寄於笑語腴詞之中，使君王未感到冒犯，或密織於冠冕堂皇的進言之中，令君王即時悔悟清醒，匡正錯誤。

　　先秦以來以調謔笑語娛樂諸侯、皇帝且「言無郵」的優伶似乎以男性爲主，而以歌舞表演、器樂演奏爲職司的女樂〔註 28〕則是以女性爲主，這兩個表演體系相互雜揉，到了唐玄宗時代，開始設立掌管宮廷俗樂的樂舞機構教坊，「以習倡優蔓衍之戲」〔註 29〕，負責散樂百戲的排練和演出，這時的參軍戲已出現男扮女、女扮男的戲劇表演，而根據曾永義的考訂，演員男扮女妝的傳統應早於女扮男妝的歷史記載。〔註 30〕

268～288。據《四部備要》排印清代士禮居翻刻明道本爲底本，參校了《四部叢刊》影印明代翻刻公序本。）

〔註 25〕　《史記・滑稽列傳》記載了優孟扮妝成孫叔敖，以「持廉至死」等言語使君王醒悟自己的疏失。優孟花了一年的時間學會孫叔敖的行動舉止，藉扮妝亂眞來點醒楚莊王，以歌唱出貪吏不可爲，廉吏亦不可爲，點醒莊王孫叔敖持廉至死，於是莊王酬謝優孟、善待孫叔敖後世子孫。（漢・司馬遷撰、宋・裴駰集解、唐・司馬貞索隱、唐・張守節正義：《史記》（北京：中華書局，1959年），頁 1310～1311。）

〔註 26〕　優㫋是秦二世的優官，秦二世之時，胡亥登基，想要將城牆用漆漆起來，優㫋大智若愚，採「把謬誤引向極端」的邏輯辯駁法，先故意讚揚二世漆城的荒唐念頭，而且說皇帝縱然沒提起此事，他也正想要奏請漆城，因爲漆城雖然對於百姓來說是一大負擔，但是實在是一件好事——漆了城，城牆光滑，敵寇來了也爬不上。然後優㫋再假意煩惱漆城之後把漆晾乾的陰室該怎麼搭。優㫋以貌似荒謬的言語，成功抵制了秦二世漆城的荒唐念頭，使他「笑之，以故止之。」（漢・司馬遷撰、宋・裴駰集解、唐・司馬貞索隱、唐・張守節正義：《史記》（北京：中華書局，1959 年），頁 1311。

〔註 27〕　廖奔、劉彥君：《中國戲曲發展史》第一卷（太原市：山西教育出版社），2003年，頁 65。

〔註 28〕　《管子・輕重甲》記載：「昔者桀之時女樂三萬人，端譟晨樂，聞於三衢。」（周）管仲：《管子》（台北市：臺灣商務印書館），1975 年，上海商務印書館縮印常熟瞿氏藏宋本，頁 140。春秋時代，齊國以「皆衣文衣而舞唐樂」的女樂贈與魯國，致使季桓子三日不聽政，孔子無奈離故國。可見女樂體制由來已久。

〔註 29〕　（唐）劉肅撰，許德楠、李鼎霞點校：《大唐新語》（北京市：中華書局），1984年，頁 151。

〔註 30〕　曾永義：《論說戲曲》（臺北市：聯經出版事業公司），1997 年 3 月，頁 9～16。

　　到了北宋時期的宋雜劇，宮廷內苑、朱門大戶、城市裡的勾欄瓦肆、鄉鎮集市等地都看得到雜劇的演出，演員男女皆有，如《宋史‧施昌言傳》記載范仲淹作客施家的東園時，「出婢子爲優，雜男子慢戲」〔註31〕。根據楊惠玲的考察，兩宋時期的家班（私家蓄養用以表演歌舞戲曲的班子，當時尚稱家樂，只是部分家樂已有男性加入，並且從事戲曲演出。）男女可以同台表演，〔註32〕民間百戲歌舞及勾欄瓦舍藝人也是男女皆有，如南宋孟元老的《東京夢華錄‧駕登寶津樓諸軍呈百戲》中記載：「後部樂作，諸軍繳隊雜劇一段，繼而露台弟子雜劇一段，是時弟子蕭住兒、丁都賽、薛子大、薛子小、楊總惜、崔上壽之輩，後來者不足數。」〔註33〕根據考定，蕭住兒、丁都賽等六人是「北宋都城的民間著名藝人，因宋代教坊裁併員額，他們便轉向『瓦社』遊樂場所爲『露台弟子』。」〔註34〕其中丁都賽更是當時著名的女演員，有畫像磚傳於世。〔註35〕又如現存最早戲曲劇本之一的《宦門子弟錯立身》講述的是宦門子弟完顏壽馬愛上戲子王金榜，後來也跟著戲班四處演出的故事，可見民間戲班已有女演員的存在，只是不確定何時開始坤生蔚爲風尚，或者不曾蔚爲風尚，只是因爲演員不足，得串演好幾個角色，所以女扮男、男扮女只是現實表演所需。

　　元朝因爲有夏庭芝《青樓集》〔註36〕的撰寫，所以得知當時許多歌妓皆善於演劇，其中「雜劇旦末雙全」的朱錦繡、「旦末雙全，雜劇無比」的燕山秀，以及「雜劇爲當今獨步：駕頭、花旦、軟末泥等，悉造其妙」的朱簾秀，這幾位歌舞之妓皆長於雜劇演出，且是末旦皆擅。又如山西省洪洞縣境內的明應王殿（俗稱水神廟）之壁畫，畫上橫額楷書「大行散樂忠都秀在此作場」，

〔註31〕　（元）脫脫等撰：《宋史》（北京市：中華書局），1985 年 6 月，頁 9950。

〔註32〕　楊惠玲：《戲曲班社研究：明清家班》（廈門：廈門大學出版社），2006 年 4 月，頁 11～21。

〔註33〕　（宋）孟元老撰、伊永文箋注：《東京夢華錄箋注》全二冊（北京市：中華書局），2006 年 8 月，頁 688。

〔註34〕　陳萬鼐：〈宋雜劇角色形象研究〉，《美育》第 150 期，2006 年 3 月，頁 84～90。

〔註35〕　劉念茲的〈宋雜劇丁都賽磚雕考〉記載：「丁都賽雕磚，長二十八厘米、寬八厘米、後三厘米，……磚上平面浮雕人物全身圖像，右上角浮雕正楷書寫『丁都賽』三字。」詳見（宋）孟元老撰、伊永文箋注：《東京夢華錄箋注》全二冊（北京市：中華書局），2006 年 8 月，頁 710～711。

〔註36〕　（元）《青樓集》（北京：中華書局），1985 年。據古今說海本排印初編。

「畫面繪有演員及演奏人員七男四女共十一人。前排居中的左起第三人面目
清秀，頭戴展翅幞頭，雙手執笏，紅袍及地，當為正末色，由忠都秀飾演。
因其兩耳有耳環孔，且手指纖細修長，系由女扮無疑。」〔註37〕可見忠都秀
是當時著名的坤生演員，所以畫額題字以她名字為號召。

到了明代，妓女演劇風氣依舊盛行，〔註38〕如為攬客而教小鬟學戲。清
代余賓碩：《金陵覽古》記載：

> 家家竟為幽潔，曲廊便房，迷不可出。教諸小鬟學梨園子弟以娛客。
> 每至暮夜，燈火競輝，眾香發越，羯鼓、琵琶聲與金縷、紅牙聲相
> 間。入其中者，無不人人自失。〔註39〕

小女孩演劇成了妓院的娛客表演，不需杜康佳釀，便能讓賓客迷醉，尤其是
馬四娘所教出的小鬟巧孫，縱然貌醜然以技獨步一時。潘之恆《亙史外紀·
馬姬傳》：「教諸小鬟學梨園子弟，日為帳燕客，羯靫、胡琵琶聲與金縷紅牙
相間。」〔註40〕馬姬即馬四娘（馬守真），沈德符《顧曲雜言》又說：

> 甲辰年，馬四娘以生平不識金閶為恨，因挈其家女郎十五六人來吳
> 中，唱《北西廂》全本。其中有巧孫者，故馬氏粗婢，貌甚醜而聲
> 過雲，于北詞關捩竅妙處，備得真傳，為一時獨步。〔註41〕

不論是馬四娘的班子或是其他青樓妓院的小鬟演出，都全是女班，明末南京
秦淮河畔的尹春尤以《荊釵記》王十朋一角而讓富豪子弟余懷印象深刻：

> 尹春，字子春，姿態不甚麗，而舉止風韻，綽似大家。性格溫和，
> 談詞爽雅，無抹脂障袖習氣，專工戲劇排場，擅演生旦。余遇之遲
> 暮之年，延之至家，演《荊釵記》，扮王十朋，至《見母》、《祭江》
> 二齣，悲壯淋漓，聲淚俱迸，一座盡傾，老梨園自嘆弗及。〔註42〕

尹子春在遲暮之年扮飾生行王十朋猶令老梨園名家自嘆弗如，可見「姿態不
甚麗」的青樓名妓尹子春主要是以戲曲技藝聞名秦淮。至於當時一些名士的

〔註37〕 葉長海、張福海：《插圖本中國戲劇史》（上海市：上海古籍出版社），2004
年4月，頁164～165

〔註38〕 詳見曾永義：《論說戲曲》（臺北市：聯經出版事業公司），1997年3月，頁9
～16。

〔註39〕 （清）余賓碩：《金陵覽古》（臺北市：新興），1984年，頁33。

〔註40〕 （明）潘之恆：《亙史外紀》明天啓丙寅（六年，1626）天都潘氏家刊本。

〔註41〕 （明）沈德符：《顧曲雜言》，上海國學扶輪社排印本，1915年。

〔註42〕 （明末清初）余懷：《板橋雜記》（南京市：南京出版社），2007年1月，頁
12～13。

家班，也由女伶演劇，因此勢必得有部分女伶充任生行，如沈自友（沈君張）家班，「沈君張家有女樂七、八人，俱十四、五女子，演雜劇極玉茗堂諸本，聲容雙美」〔註43〕、沈德符看徐溶家班演劇，題〈午日徐清之招飲園亭並出家姬作劇，即席賦贈〉〔註44〕，何良俊（字元朗）「當康陵南巡日，樂工頓仁隨駕至北京，得元人雜劇。元朗妙解音律，令家中小鬟盡傳之。」〔註45〕由此可知，有明一代，坤生的出現亦是常態，只是多為妓院、家班藝人，民間職業戲班似乎以男班為多，尤其是南方的南戲。明中葉的陸容曾對當時的戲班以男充女現象嚴厲批評。明陸容《菽園雜記》言：

> 嘉興之海鹽，紹興之餘姚，寧波之慈溪，台州之海巖，溫州之永嘉，皆有習為倡優者，名曰戲文子弟，雖良家子不恥為之。其扮演傳奇，無一事無婦人，無一事不哭，令人聞之，易生悽慘，此蓋南宋亡國之音也。其贋為婦人者，名裝旦，柔聲緩步，作夾拜態，往往逼真。士大夫有志於正家者，宜峻拒而痛絕之。〔註46〕

男子「柔聲緩步，作夾拜態」以裝旦，在北方應還少見，所以英宗驟聞錦衣門上奏吳優以男裝女，惑亂風俗，才會親自逮問吳優：

> 吳優有為南戲於京師者，錦衣門達奏其以男裝女，惑亂風俗，英宗親逮問之，優具陳勸化風俗狀。上命解縛，面令演之。一優前云：「國正天心順，官清民自安」云云。上大悅，曰：「此格言也，奈何罪之。」遂籍群優於教坊，群優恥之。駕崩，遁歸於吳。〔註47〕

吳地優人雖在英宗無罪釋放他們後入籍教坊，但卻不恥身於教坊內，因此在英宗駕崩後又回到故鄉。隨著時代更迭，男班益受歡迎，許多小說出現戲班男風現象，如《檮杌閑評》、《博笑記》、《弁而釵》等等，但明代職業戲班並非失去女藝人身影，坤生亦時而有之，如《雲間劇目抄》卷二：「蘇人鬻身學戲者甚眾，又有女旦、女生，插班射利。」〔註48〕《嗇庵隨筆》卷四：「萬曆

〔註43〕　（明）葉紹袁：《午夢堂全集存一○種》吳江唐氏寧儉堂排印本，1916年。

〔註44〕　（明）沈德符：《清權堂集》（上海市：上海古籍），1995年。

〔註45〕　（明）朱彝尊：《竹垞詩話》，轉引自金嗣芬編：《板橋雜記補》（南京市：南京出版社），2007年1月，頁121～122。

〔註46〕　（明）陸容《菽園雜記》，（北京市：中華書局），1985年，頁112～113。

〔註47〕　（明）都穆撰、陸采輯：《都公譚纂》（北京市：中華書局），1985年，頁49～50。

〔註48〕　轉引自張在舟：《曖昧的歷程——中國古代同性戀史》（鄭州市：中州古籍出版社），2001年4月，頁520。

年間，優人演出一齣，止一兩零八分，漸加至三四兩、五六兩。今選上班，價至十二兩。若插入女優幾人，則有纏頭之費，供給必羅水陸。」〔註 49〕可見戲班中女優、女小生的出現會增加演出收入。

清順治時期，兩度頒佈禁娼法令，裁革京城教坊女樂，康熙十二年重申禁令，「裁樂戶」，從此官妓成為非法，不過官妓不等同於私妓，也不等同於戲曲演員，所以許多名士商人依舊有蓄優風氣，其中較著名的就是康熙年間成立戲曲家班的李漁，其家班成員王姬扮飾小生令人風靡，與正旦喬姬堪稱雙絕：

> 登場演劇時，喬為婦而姬為男，豐致翛然，與美少年無異。予利其
> 可觀，即不登場，亦常使角巾相對，伴塵尾清談。不知者以為歌姬，
> 予則視為韻友。傷哉此歿！茅堂左右遽無人矣。〔註 50〕

「與美少年無異」的王姬，縱然不登場演劇，也經常做男子妝扮戴冠巾，李漁視她為「韻友」，當王姬病逝時，李漁傷心題「後斷償詩十首」，上述引文便是第二首詩的序文，其詩開頭曰：「角巾紗帽日籠頭，俊雅誰稱是女流。」可見王姬是十分優秀的小生演員。當年李漁攜家班眾姬遊走於達官貴族之門，以演出獲取餽贈而生財，在那時算是特立獨行的作風，但在康熙十一年、十二年，喬姬與王姬先後撒手人寰後，李漁家班失去台柱，不得不解散。

除了李漁的家班是女班之外，還有活動於清順治年間的南昌李明睿家班、康熙年間依舊活躍的杭州查繼佐家班，以及從明代天啟年間一直延續到清乾隆初年的冒氏家班等等。〔註 51〕

康熙五十八年，民間戲曲女演員亦遭禁令，不許她們進城，否則等同妓女進城處分。〔註 52〕因為法律禁令，女伶逐漸減少，這也讓明清許多新興的花部劇種全男班現象更加突出，不過清乾隆年間秦淮河畔妓女演戲風氣依然。清珠泉居士《續板橋雜記》載：

〔註 49〕 （清）陸文衡：《嗇庵隨筆》（台北市：廣文），1969 年 1 月。

〔註 50〕 浙江古籍出版社編：《李漁全集》第二卷（杭州市：浙江古籍出版社），1991
年 8 月，頁 217。

〔註 51〕 詳參楊惠玲：《戲曲班社研究：明清家班》（廈門：廈門大學出版社），2006
年 4 月。

〔註 52〕 譚達先：《中國民間戲劇研究》（台北市：臺灣商務印書館股份有限公司），1992
年 12 月，頁 24。

河亭設宴，向止小童歌唱，佐以弦索笙簫。年來教習女優，凡十歲
以上，十五以下，聲容並美者，派以生旦。各善所長，妝束登場，
神移四座，纏頭之費，十倍梨園。〔註53〕

女優演戲，生旦各擅，所得甚至是梨園的十倍，其中演小生的胡四喜「獨冠
其曹」。

周四，又稱梁四，蘇州人。年逾三十，風韻猶存，善彈琵琶，名著
青溪、桃葉間。有兩女曰大官、二官，貌不甚美，而演劇殊佳，十
餘齡耳，已識曲中三昧。同時小女伶，有周玲，乳名姐官，字瑟瑟，
蘇州人；方全，後改名璇，字姍來，江陰人；吳雙福，張大義女；
汪銀兒、胡四喜、秦巧姐等（皆蘇州人），並工院本，而周玲實創厥
始，四喜獨冠其曹。鑑湖劭子升岩嘗語余曰：「周玲之《尋夢》、《題
曲》，四喜之《拾畫》、《叫畫》，含態騰芳，傳神阿堵，能使觀者感
心娛目，回腸蕩氣，雖老伎師，自嘆弗如也。」〔註54〕

當時坤生不獨演劇妓女才有，揚州的職業戲班「雙清班」，也是以女演員為主。

顧阿夷。吳門人。徵女子為崑腔。名雙清班。延師教之。初居小秦
淮客寓。後遷芍藥巷。班中喜官尋夢一齣。即金德輝唱口。玉官為
小生。有男相。巧官眉目疏秀。博涉書籍。為紗帽小生。自制宮靴。
落落大方……是部女十有八人。場面五人。掌班教師二人。男正旦
一人。衣雜把金鑼四人。為一班。趙云崧甌北集中有詩云。一夕綠
尊重作會。百年紅粉遞當場。謂此。〔註55〕

吳門人顧阿夷，徵收女子演崑腔，全班「女十有八人」，其中女演員玉官具男
相，是不錯的紗帽小生。乾隆之後像雙清班這樣以女演員為主的戲班在史料
上越來越難覓得，但根據《夜雨秋燈錄》的記載，咸豐之時應還有女班蹤影，
所以才會有禁女劇之舉：

馬雙珠，東鄉人，初居曲江里，其母秀卿，姊鳳珠，皆工串劇。自
沈仲復方伯分巡滬濱時，禁女劇後，以朱為紫，事本甚易，拔幟異
幟，遂以女優改女閭。〔註56〕

〔註53〕 （清）珠泉居士：《續板橋雜記》（南京市：南京出版社），頁54～55。
〔註54〕 （清）珠泉居士：《續板橋雜記》（南京市：南京出版社），頁62～63。
〔註55〕 （清）李斗：《揚州畫舫錄》（台北市：世界書局），1979年10月，頁203～
204。
〔註56〕 （清）宣瘦梅：《夜雨秋燈錄》，收錄於《筆記小說大觀》二十九編（台北市：
新興書局），1979年，頁4088。

沈秉成，字仲復，是咸豐六年的進士，當他任兩江總督巡視上海時，當時上海禁女劇，所以女演員不得不改換旗幟，從事妓業。

而臺灣的戲曲演出，隨著早期移民而在此地落葉生根，對岸部分劇種與戲班生態在臺灣延續下來，兩岸戲曲有著千絲萬縷、欲斷難斷的密切關係。

歌仔戲雖然號稱是「三百六十多個戲曲劇種中唯一誕生於臺灣的劇種」〔註57〕，不過她的音樂也是來自閩南歌仔，在臺灣發展之初，尚非是職業戲班，多由子弟班組成，是廟會活動與閒暇時的技藝娛樂，因是由子弟班組成之故，所以是全男班的形式，慢慢才形成職業戲班，也才逐漸有女性加入演出。

全男班的風氣曾盛行於臺灣各戲曲劇種中，而且不僅戲曲劇種如此，受日本以及中國影響而產生的臺灣新劇（又稱新演劇、改良戲）也由男子組班，〔註58〕或許是沿襲明清以來的民間戲班傳統，或許也是基於女子不許拋頭露面的保守觀念影響，不過全男班的傳統維持不久，一如大陸地區，雖有禁令，但女伶並沒有自此消失在戲曲的舞台上，同光年間來自北京的小花臉李丰兒，就在上海成立第一個全女班，當時名為「毛兒戲班」（或作「髦兒戲」），後來逐漸蔚為風尚，許多女班如雨後春筍紛紛成立，臺灣戲班亦受影響，一九一五年桃園林登波、簡元魁等人創設日治時期第一個京調女班「永樂社」，〔註59〕之後相繼成立的本土京班有「台北鳳舞社」、「桃園天樂社」、「詠樂社」、「重興社」、「大溪大雅園」、「嘉義娛樂園」等，歌仔戲女班有「台北霓生社」、「桃園江雲社」、「台北丹鳳社」、「嘉義嘉興社」、「霧峰繹樂社」等，而在女班相繼成立之前，有些戲班是在男班的基礎上，加聘幾位女演員以作為號召，如四平戲「中壢小榮鳳」，一九一六年二月聘添中南部女優四人登台合演。〔註60〕

在女班蔚為風潮的情況下，尤以歌仔戲班引領風騷，因為使用的語言閩南話與多數臺灣民眾沒有隔閡，通俗易懂，加上二次大戰戰後又受日本「寶

〔註57〕 陳耕、曾學文、顏梓和：《歌仔戲史》（北京市：光明日報出版社），1997年1月，頁2。

〔註58〕 詳參楊渡：《日劇時期臺灣新劇運動（一九二三～一九三六）》（台北市：時報文化出版企業有限公司），1994年8月，頁44。

〔註59〕 徐亞湘：《史實與詮釋：日治時期臺灣報刊戲曲資料選讀》（宜蘭縣五結鄉：傳統藝術中心），2006年12月，頁172～173。

〔註60〕 詳參徐亞湘：《日治時期臺灣戲曲史論：現代化作用下的劇種與劇場》（台北市：南天書局有限公司），2006年5月。

塚歌舞劇團」〔註61〕影響，二十世紀六〇年代後凌波風潮〔註62〕和楊麗花、葉青等電視歌仔戲明星的推波助瀾，以及長期以來坤生掛帥後對歌仔戲劇目、服飾、表演、唱腔音樂等產生的影響〔註63〕，愈加強化其劇種適合女性演劇的特質，所以自從坤生當家後，近全女班便成爲歌仔戲的特色至今，不像其他劇種又慢慢恢復男女合班的狀態。

第四節　研究方法與侷限

　　本論文以「個案研究」（或稱案例研究）爲著力點，不同於傳統中文系文獻分析研究方法，較著重於實證路線。羅伯特・K・殷（Robert K.Yin）在《案例研究：設計與方法》書中說：

　　案例研究是一種實證研究，它在不脫離現實生活環境的情況下研究
　　當前正在進行的現象；待研究的現象與其所處環境背景之間的界線

〔註61〕 日本寶塚歌舞劇團自 1914 年開始公演，其成員一律爲未婚的女性，飾演男角的稱爲「男役」，飾演女角的稱爲「女役」，在日本相當流行。臺灣「藝霞歌舞團」成立於 1959 年（原名芸霞，1963 年改爲藝霞），便是走寶塚路線，1970 年代藝霞開始走紅，風靡許多觀眾及歌仔戲女演員，如郭春美等，連帶影響歌仔戲的表演風格。

〔註62〕 凌波因於 1963 年 4 月飾演黃梅調電影《梁山伯與祝英台》中的梁山伯而走紅，此部電影創下維持二十年的票房賣座紀錄，且連連重映，如首映年 10 月重映，1964 年、1965 年、1969 年、1977 年、1982 年、1988 年、1990 年也紛紛重映。首映當年 10 月，凌波來台，造成萬人空巷的浩大場面，且有七十老嫗連看梁祝電影 101 遍，在凌波來台時，她激動萬分，在紅包內藏金項鍊塞給凌波。報紙報導如〈一顆銀色炸彈，投落影迷世界—排浪而至凌波來—萬人空巷看一星，三千寵愛在一身，如癡如醉，都爲梁兄哥，警衛森嚴，難擋蜂一窩〉：「這股衝破防線的人潮，有十分之八是女性，她們『以柔克剛』，把守衛人員只有搖頭嘆氣。」（台北聯合報，1963 年 10 月 31 日，第三版。）又如〈我見猶憐，老嫗求見凌波面，紅包內藏金項鍊，電影看了一百一遍，瞄頭在這一眼〉：「昨日中午十二時半，一位看過梁祝片一百零一次的標準老戲迷，在自由之家等候三小時之久，終於看到凌波，並和凌波合影，這位標準凌波迷是位七十歲的老太太……老太太給凌波凌波的皮包中，是一條純金項鍊。王老太太說：『我看凌波的梁山伯一百零一遍，她演得太好，我真喜歡她……』」（台北聯合報，1963 年 10 月 31 日，第三版。）詳參呂蓓蓓：《李漢祥「梁祝」電影研究——以女性觀眾凝視角度分析》，中國文化大學中國文學研究所博士論文，2002 年 1 月。

〔註63〕 詳見吳孟芳：《臺灣歌仔戲坤生文化之研究》，臺灣大學戲劇研究所碩士論文，2002 年 6 月，頁 89～110。以及林沿瑜《倚坐歌仔戲窗口思索舞台上顛鸞倒鳳的成因》，政治大學新聞研究所碩士論文，2007 年 7 月，頁 33～40。

並不十分明顯。……作爲一種研究思路的案例研究包含了各種方法，涵蓋了設計的邏輯、資料收集技術，以及具體的資料分析手段。就這一意義來說，案例研究既不是資料收集技術，又不僅限於設計研究方法本身，而是一種全面的、綜合性的研究思路。〔註64〕

個案研究主要是對於眞實存在的某一現象或人事物進行觀察、分析研究，主要用於「解釋現實生活中各種因素之間假定存在的聯繫，這種聯繫是如此複雜，以至於用實驗或調查都無法解釋。」〔註65〕本文所欲深入探討的性別與表演文化關係，因牽扯到許多個人隱私問題，無法以實驗或紙本調查獲取所需的「眞相」，需深入戲班做田野調查，因此採取「個案研究法」。Robert K.Yin 的《個案研究法》說：

一般而言，在提出「如何」和「爲什麼」的問題、研究者對於事件只有少數的操控權、或研究重點是當時在眞實生活背景中所發生的現象時，個案研究是較常採用的策略。〔註66〕

在觀照歌仔戲的坤生世界與問題時，思索的是那是歌仔戲藝人眞實的生活與現象，諸多因素交織導致成其特有的文化，正適合用強調「在場景中解讀」的個案研究法，因此本文將從整體的描述中，歸納離析出某些特殊現象及其原因。莎蘭.B.麥瑞爾姆《質化方法在教育研究中的應用：個案研究的擴展》書中說：

個案研究能夠從其他研究中區分開來，得益於科龍巴赫所提出的「在場景中解讀」的觀點。通過對單一個案及實體（及個案）的聚焦，研究者力圖發現現象中主要因素交互作用的特徵。個案研究十分關注整體的描述與解釋，如伊恩所觀察到的，個案研究特別適用於無法把現象中的變量從它們的場景中剝離出去的情況。〔註67〕

那麼個案研究具體的方向及步驟是什麼？同其他的研究相同，都是先產生問題意識，接著試著提出理論假設/理論架構。莎蘭.B.麥瑞爾姆又說：

〔註64〕羅伯特・K・殷著、周海濤等譯：《案例研究：設計與方法》（重慶市：重慶大學出版社），2007年6月，第三版，頁16。

〔註65〕羅伯特・K・殷著、周海濤等譯：《案例研究：設計與方法》（重慶市：重慶大學出版社），2007年6月，第三版，頁18。

〔註66〕Robert K. Yin 著、尚榮安譯：《個案研究法》（臺北市：弘智文化事業有限公司），2001年2月，頁21。

〔註67〕莎蘭.B.麥瑞爾姆著、于澤元譯：《質化方法在教育研究中的應用：個案研究的擴展》（重慶市：重慶大學出版社），2008年1月，頁21。

除了確定如何型塑研究問題與目標之外,「我們作爲研究者的觀察也不同於一般的觀察,其感覺背後隱藏著理論。理論能使我們『看到』一些沒有理論我們就看不到的東西,它能幫助我們預見和理解事實。」也就是說,我們在田野中所看到的東西,我們向參與者提出的問題,以及我們所注意的文獻都是由研究的理論框架所左右。〔註68〕

在有了某一理論假設或架構後,「個案」(或稱「分析單位」、「樣本」)的選擇與確定是第三道程式,而「最合適的抽樣策略是非概率抽樣,而其最常用見的形式是目標性(purposive)抽樣(Chein,1981)或目的(purposeful)抽樣(patton,1990)。目的抽樣是基於這樣一個假設,即研究者想發現、理解,以及獲得洞見,就必須去獲得一個能夠獲得大多數訊息的樣本。」〔註69〕

J 小生就是本文鎖定能獲得大多數訊息的個案,她出生於歌仔戲世家,父母與五個姊姊、一個弟弟都是戲班人。她的行當跨越生、旦、丑三行,在由旦行轉生行時,戲迷朋友的劇增讓她深刻體悟到小生的魅力,且也因戲迷朋友的「熱愛」讓她在下戲後有時還得有意識維持著「小生」形象,而她自己內心的性向則歷經幾個階段的轉變,與外在環境、表演舞台和內心感受之間交織出複雜且多元的關係網,正是訊息豐富的案例,而且她也願意竭盡所能將所知所感傾訴出來,因此本文第二章便是以她的生命史爲觀察重點,由她的經歷、體悟作爲本文的開端,讓實際案例「說話」,如實呈現一位歌仔戲坤生的生命面貌。

在確認樣本之後,接著便是藉由「觀察」、「訪談」、「檔案分析」等具體方法展開研究。本文第二章「從 J 小生的個案談起」,主要是採取訪談錄音方式,紀錄 J 小生對自己生命歷程的回憶,因爲與 J 小生相識、合作多年,彼此有一定程度的信任,因此多數時候只採取傾聽方式,讓她娓娓道出自己難忘的經歷。Robert K.Yin 的《個案研究法》說:

傾聽包括了觀察和感受,而不只是局定在耳朵的聽覺上。身爲一個好的傾聽者,意味著要能毫無偏頗地吸收大量的新資訊。當一個受訪者詳述某個事件時,好的傾聽者會聽到受訪者所使用的確切的詞

〔註68〕 莎蘭.B.麥瑞爾姆著、于澤元譯:《質化方法在教育研究中的應用:個案研究的擴展》(重慶市:重慶大學出版社),2008 年 1 月,頁 34~35。

〔註69〕 莎蘭.B.麥瑞爾姆著、于澤元譯:《質化方法在教育研究中的應用:個案研究的擴展》(重慶市:重慶大學出版社),2008 年 1 月,頁 44。

彙（有時候，專用術語會反應重要的傾向）、會捕捉住情緒和情感的

成分，也因此瞭解到受訪者所認識的世界之情境。〔註70〕

J 小生所言是屬於她自己世界的記憶，配合本文田調期間對 J 小生的認識和歌仔

戲界的觀察，整理出 J 小生的生命史，由此再進一步拓展至其他坤生的生命經

歷。莎蘭.B.麥瑞爾姆《質化方法在教育研究中的應用：個案研究的擴展》說：

> 觀察在兩方面與訪談有所區別。首先，觀察發生在自然的場景中，
>
> 而不是像訪談那樣爲了研究目的刻意設計一個場所；第二，觀察所
>
> 獲得的數據是研究者對有關現象的第一手訊息，而訪談所獲得的是
>
> 對現實的二手轉述。〔註71〕

不論是觀察、訪談、檔案分析——「檔案」的類型主要包含「公共記錄」、「個

人檔」和「物質材料」等，〔註72〕都是走實証路線，以實際案例來建構理論，

而理論假設與樣本研究之間，會形成循環往復的過程，正因爲如此，在本論

文正文的開始，不是以「理論假設」爲開端，而是藉由觀察與訪談的方式，

將一個擁有豐富訊息的個案——J 小生，她曲折戲劇化的生命經歷以文字再現

方式呈現。接著第三章「性／別界線的模糊與跨越」，拓展至其他歌仔戲藝人

案例，再次以實証方式呈現歌仔戲界「性別」圖像。第四章「性別與表演」，

透過分析將論點開展出來，並再度配合可供驗證的案例，以及史料文獻的耙

梳，釐清性別與表演的關係，不過主要還是整合田野調查所發現的資料，試

圖建構出某一新理論或論點。

必須說明的是，個案研究可以不僅限於一個人或單一事件，個案可以是

一個家庭、機構、族群、社團、學校等等，研究者可以盡可能地選擇具有代

表性對象，然後透過研究工作保留實際生活事件的整體性和有意義的特徵，

以呈現個案在特定情境脈絡下的活動性質，以瞭解它的獨特性、複雜性，以

及普遍性，因此筆者共訪問了十六位女小生、一位男小生、兩位小旦（歌仔

戲習稱第一女主角爲苦旦）、兩位三花、兩位彩旦（歌仔戲習稱三八），共二

十三人，他們分屬於十六個不同的劇團。

〔註70〕 Robert K. Yin 著、尚榮安譯：《個案研究法》（臺北市：弘智文化事業有限公
司），2001 年 2 月，頁 107～108。

〔註71〕 莎蘭.B.麥瑞爾姆著、于澤元譯：《質化方法在教育研究中的應用：個案研究的
擴展》（重慶市：重慶大學出版社），2008 年 1 月，頁 67。

〔註72〕 詳參莎蘭.B.麥瑞爾姆著、于澤元譯：《質化方法在教育研究中的應用：個案研
究的擴展》（重慶市：重慶大學出版社），2008 年 1 月，頁 80～83。

　　除了少數幾位受訪者是筆者所熟識之外，多數個案在進行的訪談之前，並無法得知此一分析單位（如 A 小生）是否具有獨特性，或者是否能深入挖掘某個問題的各個面向，不過以宏觀的角度來看，取樣越多，越能探討某一現象是否具有普遍性，但是基本上個案研究不以追求普遍性為目標，本論文也不敢妄稱足以囊括歌仔戲坤生的各個面向，相反地，本論文想強調呈現的只是某一部份的歌仔戲坤生面向，不代表所有坤生皆是如此。

　　接著要做說明的是這二十三個受訪人中，有五位小生、兩位小旦、兩位三花是筆者原就認識的，其餘的是透過 J 小生、E 小生、B 三花及友人輾轉介紹，然後一一進行一次以上的訪問。多數的藝人受訪時都是使用閩南話進行交談，原本本文所打的逐字稿也是以閩南語記音，希望能盡可能地重現「原音」，但後來考量到目前的閩南語標音尚未統一，無一套足以讓人信服且容易「一目了然」的記音文字，所以後來接受指導老師的建議，改以通俗語文紀錄，才不會產生閱讀及理解上的困難。

　　個案研究有其長處，也有其侷限，長處在於能深入瞭解在某個歷史或文化脈絡下，某個個案的獨特性與複雜性，或者是對一個廣為接受的理論進行批駁或檢驗；其侷限是難以經由科學性的檢驗，證實其所建構的理論是否健全，而且就本論文所採取的田野訪談方式所紀錄的種種資料之真實性，也只能憑藉筆者自身的歸納求證，無法就相關文獻及其他學者的研究取得印證，這可能是本研究方法最大的侷限。

　　不過在田野訪談的過程中，也有突破性的成果，因為除了九位受訪人是筆者的舊識，他們盡量毫無保留地以自己的經驗為筆者解惑和分享他們的內心世界之外，其餘受訪者可能在 J 小生、B 三花等同樣身為藝人的引導中（某些訪談是由 J 小生或 B 三花陪同筆者一起進行），慢慢開放自己，說出一些私密性很強的性別問題，讓本論文能掌握更多有用的資訊；還有一些受訪者，一開始對於陌生的採問者懷抱警戒之心，不敢透露她們的心靈世界，如 G 小生，她在被問及性別問題之前，就先說她早已嫁人生子，對同性情愛沒有興趣，也沒有經驗，當時筆者沒有對於她的「事先聲明」感到失望或洩氣，就以閒聊的方式跟她對話，以開放的心接受她所說的一切，因為筆者本就覺得自己對這個圈子的所知還不夠全面，絕對不能自以為是。沒想到 G 小生在我倆的對話中慢慢地放鬆心情了，開始訴說她內心的苦與樂，也開始前後矛盾地說她曾深受同性愛人的折磨、困擾，當然那時筆者沒反問她為何跟一開始

所聲明的不同，那時只是認真傾聽，把她當成自己的朋友般聽她訴說。（參看
附錄二：G 小生訪談稿節錄）Robert K.Yin 說：

> 當受訪者敘述一個事件時，好的傾聽者能夠從受訪者的遣詞造句（有
> 時，受訪者的用語、語氣能夠反映出重要的線索）中，掌握其心態
> 和情感，了解事件的前後關連，並理解受訪者感受世界的方式。〔註73〕

訪談過程盡可能地感受她理解世界的方式，但並不是一味地附和，其目的只
是爲了獲取想要的資訊。相反地，採訪者以溫和的提問方式把心中的不解或
疑問說出來，這樣反而能跟受訪者進行深入的對話。

第五節　論文架構

本論文分成六個章節，第一章「緒論」，講述問題意識、文獻回顧、對坤
生略做溯源工作、探討研究方法侷限，並陳述本論文的架構。

第二章「從 J 小生的個案談起」，以一位目前從事歌仔戲小生行當的演員
生命歷程爲內容陳述，而爲了保護當事人，以及與當事人相關的人，本文一
律以代號名之。J 小生就是她的代號，筆者與她相識相交五、六年，熟知她是
一個非常好的訊息提供者。莎蘭.B.麥瑞爾姆於《質化方法在教育研究中的應
用：個案研究的擴展》書中說：

> 人類學家和社會學家把好的受訪者稱爲「訊息提供者」，就是那些能
> 夠理解自己所處環境文化的同時，能夠對其展開反思，並很好地向
> 研究者表達發生了什麼的人。關鍵訊息提供者在一定程度上可以修
> 正研究者的立場，因而成爲研究者在一個不熟悉領域的富有價值的
> 嚮導。但並非所有好的受訪者都是人類學家所指的關鍵訊息提供
> 者，好的受訪者是那些能夠表達思想、感覺和觀點的人，也就是那
> 些能夠對要研究的主題提供「視角」的人。〔註74〕

J 小生不但是好的受訪者，她也是關鍵訊息的提供者，（如本文第五章第一節
「歌仔戲藝人的朋友觀」，就是她提醒筆者「朋友」是有規範和禁忌的。）選
擇以她爲樣本／個案，就在於她本身擁有豐富的「訊息」，從她出生到成長的

〔註73〕 羅伯特・K・殷著、周海濤等譯：《案例研究：設計與方法》（重慶市：重慶大
學出版社），2007 年 6 月，第三版，頁 68。

〔註74〕 莎蘭.B.麥瑞爾姆著、于澤元譯：《質化方法在教育研究中的應用：個案研究的
擴展》（重慶市：重慶大學出版社），2008 年 1 月，頁 60。

環境，以及特殊的生活經歷，既有普遍性又有特殊性，與本文關注的問題息息相關，加上她與筆者友好的情誼，本文能深入探析她的想法與內心世界，她也能適時提供她的觀點，矯正或提醒筆者對歌仔戲文化的理解。

正因為上述的兩個因素──J 小生是很好的受訪者、她擁有意義豐富的生命經歷，且能無所保留地為本文提供重要訊息，所以本文將花費許多筆墨來陳述這個個案。其執行步驟是透過深入訪談，錄音、傾聽、提問，並將完成的生命史稿件交由她做再次的內容確認，以如實的態度將她豐富曲折多變的生命經歷與內心感受呈現出來。

接著在進行生命史陳述與寫作方式的問題上，必須說明與澄清──基本上本章以很嚴謹的態度面對研究，只不過採用的是質化個案的寫作方式來完成 J 小生的生命史。莎蘭.B.麥瑞爾姆說：

> 個案研究通常會包括盡可能多的變量並描述它們……它們同樣被貼上「整體性」、「生活化的」、「扎根的」、「探索性的」標籤。這些描述通常都是質化的，也就是說，它們並非通過量化的數據來報告研究發現，而是「運用散文和文學的技法進行描述、誘發想像和分析情境……它們用事件、引述、樣例和人造物品來寫作報告闡明自己的觀點。」〔註75〕（底線為筆者所加）

在如實呈現個案生命史的基礎上，「運用散文和文學的技法進行描述、誘發想像和分析情境」，並盡可能地把所有「變量」都寫出來，正是本章企圖運用的方法。Stake 也指出「個案研究報告通常落於故事講述與傳統的研究報告之間。」〔註 76〕因此本章的呈現方式會類似於故事講述的形式，但沒有憑空添加任何文學想像〔註77〕，甚至寫作方式都是採樸質筆法，為的是更貼近 J 小生生命歷程的真實狀況。

第三章「性／別界線的模糊與跨越」，第一節「何謂性／別」，先對「性」與「性別」做一說明與界定；接著第二節「J 小生的性／別易動」，從 J 小生

〔註75〕 莎蘭.B.麥瑞爾姆著、于澤元譯：《質化方法在教育研究中的應用：個案研究的擴展》（重慶市：重慶大學出版社），2008 年 1 月，頁 21～22。

〔註76〕 莎蘭.B.麥瑞爾姆著、于澤元譯：《質化方法在教育研究中的應用：個案研究的擴展》（重慶市：重慶大學出版社），2008 年 1 月，頁 168。

〔註77〕 J 小生看過她的生命史後，她有點失望，因為「不夠浪漫」。先前筆者為她寫的文稿多少會採取美文筆法，她以為這次應該也是這樣，誰知這次會寫得如此樸樸。筆者跟她解釋，這是論文，要以嚴謹、科學的態度來處理問題，所以會盡量省去可能會造成過度想像的美文寫法。

她身處的環境、她自己所遇到的「性別易動」現象，以及過往的田調經驗，將 J 小生截至目前為止的性／別易動作一歸納與分析。第三節「性／別易動的幾種類型」，擴大範圍，依實際田野調查所獲得的資訊，陳列幾種異於正規的性／別易動類型。必須事先聲明的是，這樣的歸納分析可能不夠全面，只能就本文目前所能得知的結果來作歸納與分析，因為牽扯的議題太過敏感與尷尬，除了少數幾位藝人能深入訪談之外，多數藝人的感情生活與內心感受不易得知。第四節「性／別易動的可能原因」，從同性戀之可能，與雙性戀之可能來解釋實際個案種種「出軌」、「獨特」的性／別易動現象。

第四章「性別與表演」，第一節「兩種層面的表演」，從日常生活的角色扮演（強烈受到社會規範影響），和舞臺角色飾演（表演的展現與內化）來說明表演的內涵。第二節「戲曲表演魅惑探索」，從歷史文獻中把梳舞台表演的魅惑力量，並從日治時期嚴遭知識份子排斥的歌仔戲與戲迷熱情付出這兩方面來探討歌仔戲的影響力。第三節「歌仔戲坤生的表演美學」，將焦點凝聚在歌仔戲女小生身上，探討其虛實交錯、雌雄同體的表演美學觀，並建構出坤生 T 美學的理論。必須說明的是對於何謂美學，其對象與內涵為何，與藝術又有何關連，歷史其實有很多的分歧的看法，至今依然。李澤厚指出中國大陸對美學的定義，「主要有三種：（一）『美學是研究美的學科』；（二）『美學是研究藝術一般原理的藝術哲學』（三）『美學是研究審美關係的科學』。」但李澤厚認為（一）（三）都有同語反覆的問題，（一）是有說等於沒說；（三）是用美學所需要去探討的問題──審美關係來定義美學本身，使人感到更糊塗；（二）是過於狹窄又過於寬泛，因為「現實生活、自然美和許多審美現象並不屬於藝術，卻仍在美學研究範圍。」所以李澤厚認為：「所謂美學，大部分一直是美的哲學、審美心理學和藝術社會學三者的某種型式的結合。」〔註 78〕

葉朗在《中國美學史》中說：「美學是一門理論學科。它研究美學範疇，研究美學範疇之間的區別、聯繫和轉化，研究美學範疇的體系。」〔註 79〕又說：「一個民族的審美意識的歷史，表現為兩個系列：一個是形象的系列，如陶器、青銅器、《詩經》、《楚辭》等等；一個是範疇的系列，如『道』、『氣』、『象』、『妙』、『意』、『味』、『神』、『意象』、『風骨』、『氣韻』等等。研究形

〔註78〕 李澤厚：《美學四講》，台北市：三民書局股份有限公司，2001 年 10 月，初版三刷（初版一刷：1996 年 9 月），頁 9～10。
〔註79〕 葉朗：《中國美學史》，台北市：文津出版社，1996 年 1 月，頁 2。

象系列的，是各門藝術史，包括文學史。研究範疇系列的，是美學史。而在兩個系列的交叉點上，則是各門藝術批評史。」〔註80〕

「『美學』也可以理解成研究『藝術』和『審美』現象的『根』和『底』。」〔註81〕筆者同意「美學作為關於審美客體和經驗的理論，既適用於自然客體，又適用於藝術作品。」其對象不限於研究「美」，「美學研究的對象是人類審美活動的本質、特點和規律。」〔註82〕

歌仔戲坤生的表演美學，也就是以她一個女演員而言，如何在舞台上透過妝扮、唱唸做打等表演手段，呈現出一個具有魅力的舞台小生形象。

第五章「歌仔戲坤生文化」，第一節「『朋友』觀」，從歌仔戲圈內人的觀點，離析出他們所謂的「朋友」有五種意涵，一是普遍性的朋友意涵，二是指個人的戲迷，三是指戲箱（贊助者），四是指乾姊妹、乾爸媽，五是指同性情人；並探討歌仔戲藝人對「朋友」的規範與希冀，以及其朋友交往禁忌之原因。第二節「賞金文化」，從歌仔戲的文化圈說明賞金的意涵——交友語彙、面子文化、情義支持、藝術肯定。第三節「坤生與『朋友』」，聚焦在坤生和戲箱、同性情人的關係上，從戲箱貼賞和做服飾贈予坤生兩方面來說明「賞金」、「服飾」是坤生和戲箱交換情誼、聯繫感情的方式；在坤生與同性情人方面，則是性別、表演與文化的交織結果，並從戲班經營的角度來看坤生與同性情人的交往問題，這並不是所有坤生都會遇到的問題，但卻是班/團主在性別轉換後——以前班／團主多由男性擔任，現在則是女小生為多所延續的問題。

第六章「結論」，將本論文的重點做脈絡性的整理，並略陳未竟之問題，以及後續研究之可能。

〔註80〕　葉朗：《中國美學史》，台北市：文津出版社，1996年1月，頁4～5。
〔註81〕　葉秀山：《美的哲學》，台北市：五南圖書出版有限公司，1993年11月，頁4。
〔註82〕　葉朗：《中國美學史》，台北市：文津出版社，1996年1月，頁1。

第二章　從 J 小生的個案談起

　　本章鋪陳一個個案的生命歷程，這個個案是目前歌仔戲界知名的小生之一。唐莫耶（Donmoyer）認為「個案研究可以把我們帶入一個我們很難有機會進入的地方。」〔註1〕莎蘭.B.麥瑞爾姆進一步解釋，「個案研究會讓我們體驗到在我們自己周圍的一些情境與人物，在通常情況下我們是難以得到這些訊息的。」〔註2〕通常的情況下，我們確實不容易得知或了解類似 J 小生擁有這樣生命經歷的案例。所以莎蘭.B.麥瑞爾姆引述：

　　　　巴頓（Patton,1990）主張，「目的抽樣的邏輯和力量在於選擇了一個
　　　　能夠進行深度研究的、意義豐富的個案。」〔註3〕

如同巴頓所言，好的研究個案（目的抽樣）能夠對之進行深度的研究，而奧爾森也曾提出個案研究的特徵之一就是「它能通過審視一個具體的事件而展示一個普遍的問題」〔註4〕據此，本文首先欲借審視一位歌仔戲坤生（即 J 小生）的生命史來展示歌仔戲界裡「性別認同」的問題。

　　以下便按照 J 小生的生命歷程，依她自述的重要記憶片段，（參考附錄三：J 小生的口述生命史訪談稿節錄。）並參照筆者過往所得知的訊息，以生命史

〔註1〕 Donmoyer, R. "Generalizability and the Single-Case Study."In E. W. Eisner and A. Peshkin (eds.), Qualitative Inquiry in Education: The Continuing Debate. (New York: Teachers College) 1990, p193.

〔註2〕 莎蘭.B.麥瑞爾姆著、于澤元譯：《質化方法在教育研究中的應用：個案研究的擴展》（重慶市：重慶大學出版社），2008 年 1 月，頁 165。

〔註3〕 莎蘭.B.麥瑞爾姆著、于澤元譯：《質化方法在教育研究中的應用：個案研究的擴展》（重慶市：重慶大學出版社），2008 年 1 月，頁 44。

〔註4〕 轉引自莎蘭.B.麥瑞爾姆著、于澤元譯：《質化方法在教育研究中的應用：個案研究的擴展》（重慶市：重慶大學出版社），2008 年 1 月，頁 22。

／傳記的方式展開。在某些小節的最尾端，會出現方框文字，那是根據 J 小生那段經歷所做的簡短分析，通常是與本論文的主題——性別、表演、文化有關。

第一節 兒時戲班的生活

一、出生於台南新町風化區

　　J 小生出生於 1971 年 12 月台南的新町，在家中排行第六，上有五位姊姊，下有一位弟弟。J 小生出生的那一年，她的父母開始「整」〔註5〕歌仔戲戲班，當時家裡的經濟不是很寬裕，所居住的環境也不甚良好，租賃住所附近是台南早期著名的紅燈風化區，出入份子較為複雜。當時因為家境困苦，父母長年在外奔波演出，J 小生就由姊姊照顧。虛歲六歲時，J 小生開始跟大姊、二姊、三姊、四姊去拱樂社〔註6〕的錄音班〔註7〕學身段。

　　J 小生她小時候就很有表演慾，會學姊姊們比畫身段，所以姊姊們會幫她化妝、穿戲服，讓她登台演老旦等龍套角色，六歲的她個子還非常嬌小，搆不著戲臺的高椅子，同台的小生就會抱她，讓她坐在椅子上演戲。那時只要受到台下觀眾的注視，J 小生就很有成就感，而且有些小朋友會在後台看她化妝，她心裡也會有種榮譽感，覺得自己跟其他小朋友有些不同。

　　透過表演、化妝得到觀眾的注目，J 小生因此有種成就感，這種成就感是繼續表演的動力，而持續妝扮演出會讓「表演」行為逐漸產生固著性，一旦有了固著性，「表演內容」的某部分將不再只是演出，而會內化為 J 小生的一部份。

〔註5〕 整班，歌仔戲專用術語，組團之意，需準備全套基本服飾、布景、燈光、樂器、音響等器材，以及一筆預備借給演員的班底銀（預備金）。

〔註6〕 「拱樂社」的原名為「麥寮拱樂社歌劇團」，由麥寮人陳澄三於 1948 年創立，是光復後台灣當時最具規模且家喻戶曉的歌仔戲劇團，其規模之大，不僅同時擁有數個戲班，也籌辦了歌仔戲戲曲學校，也曾拍攝臺灣第一部台語片。

〔註7〕 「錄音班」由拱樂社的負責人陳澄三首創，以事先錄製好的錄音帶取代前場演員的唸白、唱腔及後場樂師，演員只要對嘴演出即可。

二、獨立自主的個性

在錄音班學了一年左右的戲，七歲時，J 小生舉家遷居至永華路，所居依舊是租賃，生活品質也不太好。四位姊姊在拱樂社學藝滿三年，便回自己家族的劇團演出，而 J 小生與五姊、小弟都已接近讀書年紀，便由外婆代為照顧。J 小生的外婆是阿美族原住民，她負責照顧三個外孫，但她自己的身體狀況也不太好，在 J 小生入小學那年，她便因為生病搬回台東養病。

J 小生新生入學那天，家中沒有長輩，五姊又跟她讀不同的小學〔註8〕，有些緊張的她憶起隔壁的嬸嬸有個女兒也是今年要讀小學，於是她就跑去跟那位嬸嬸求援，希望對方一併帶她去學校。鄰居長輩一聽小女孩沒人帶領入學，就讓她步行跟在自家車子的後頭，順道帶她去學校。

到了學校之後，鄰居長輩幫她找到教室，並詢問她知道回家的路了嗎？她點頭說知道，但等到放學時，不知是基於害怕？不確定？或者其他因素，她又跑去詢問鄰居小孩，問她媽媽是否會來接她，若是，她還要跟她們回家。鄰居小孩說媽媽會來接她，於是那天 J 小生又跟在鄰居車子的後頭步行回家。

往後，J 小生便自己走路上下學，並且聽從母親的指示，與自家姊弟到永華路的某家麵攤解決飲食問題。她的母親跟對方說好，會在事後結清帳目。大約 J 小生在小學三年級左右，外婆再度與他們同住，那年剛好輪到 J 小生的弟弟入學，就由 J 小生帶領小弟去報到，並領弟弟一起上下學。

原本外婆的歸來應該會讓 J 小生姊弟的生活起居得到照顧，不過因為外婆的身體並沒有好轉，所以多數的家事就由 J 小生一手包辦，那時她會跟外婆學做菜，或者下課後去市場買菜，直接請問攤販所賣之菜該如何烹煮。

> 因為父母從事演出工作的關係，難以照料 J 小生的生活，加上原是照顧者的外婆身體狀況不佳，所以 J 小生在很小的時候就養成獨立自主的個性，而這樣堅毅的個性，加上她渴望自己是個男孩子的想法〔註9〕，無形中助長了她的「T」性質（女同中的陽剛者），所以日後有不少女生將她視為「T」。

〔註8〕 J 小生的五姊就讀小學時尚未實施分區就讀政策，J 小生讀書時此政策已實施，所以 J 小生跟她的五姊就讀於不同學校。

〔註9〕 J 小生說：「我很小時的概念就是我要當男生，人家說我弟弟是女孩子我是男孩子我就很高興，我是男生耶！」受訪者：J 小生。時間：2008 年 4 月 5 日 14：00～17：30。地點：台南樂活 515 餐廳。

三、練功、陣頭表演

在 J 小生約十一歲就讀小學五年級左右，她的父母除了經營歌仔戲班之外，也開始接一些陣頭的表演工作。J 小生的父親並沒有戲曲身段功底，所以他自己組班時，一開始並沒有讓自己的小孩在自家劇團學戲，而是送她們去拱樂社學身段，等女兒三年藝滿，才叫她們回家族劇團幫忙演出。因為自家戲班還兼差做陣頭演出，需要一些基本的技能表演，所以 J 小生的父親就觀看別人如何做陣頭表演，沒戲的日子回家就依樣畫葫蘆「雕塑」自家小孩，叫她們學翻跟斗、倒立、下腰等基本功底。那時 J 小生心裡會有種厭煩感，因為學習翻跟斗、倒立、下腰等功夫是辛苦的，不過她還是照著父親的要求持續練功，所以很快地她便跟著出陣頭，經常在星期六、日清晨四、五點跟父母出去表演。

陣頭表演的節目有《七仙女》、《五子哭墓》等等，J 小生印象比較深刻的幾次的演出，一次是去收留精神病患的道場「龍發堂」〔註 10〕表演，那次 J 小生覺得自己的妝化得很醜，又只是單穿著禮服跟著隊伍走，沒做什麼表演，讓她覺得自己也像是龍發堂裡的一員。相較於「沒有表演」的節目，若有可發揮的表演，J 小生興致就會比較大，因為通常透過表演，她會獲得掌聲與金錢賞賜。J 小生歌喉相當不錯，八、九歲就學會歌仔戲的傳統曲調【七字仔】、【都馬調】、【觀音得道】（【望月詞】）等等，十來歲做陣頭表演時，她都跟大姊、二姊、三姊湊《五子哭墓》的角色，喪家看《五子哭墓》是由小孩子來串演，都會給予掌聲與紅包，那 J 小生便覺得很有成就感，不忌諱在喪家家裡又爬又哭又唱的。

> 還有最有印象的就是……也是去做《五子哭墓》，棺材還沒抬出去，哭一哭都要哭到棺材旁，小孩子會怕啊，大人就教我：「妳不用怕，妳若走到棺材旁，妳就趴在那兒哭，眼淚流越多，紅包就越多。」小時候就想要賺錢，就在那兒哭，人家就會給我紅包，從此以後就克服，不會怕，想說就是賺錢，不用怕。那時我好像只有九歲、十歲、十一歲，就都做這個，還有猴子，就跟我姊姊，在熱鬧陣做猴子，翻翻翻，翻整條路，很辛苦，不過小時候就覺得好玩，賺錢嘛。
> 〔註 11〕

〔註 10〕 龍發堂是佛教修練道場，也兼收容精神病患，位於高雄縣路竹鄉。
〔註 11〕 受訪者：J 小生。時間：2008 年 4 月 5 日 14：00～17：30。地點：台南樂活515 餐廳。

興許是環境給予的磨練，J 小生在小時候就顯得獨立而成熟，而這也與她幾次險些遭受性侵有關。

> 　　不管是陣頭表演，或是歌仔戲演出，對 J 小生而言，只要表演就能有收入，表演與金錢產生密切的關連，這造成歌仔戲藝人某種特殊的金錢觀，她們容易接受觀者或愛慕者給予的金錢或物資，不會覺得這樣的接受有什麼不安之處，「賞金文化」也於焉產生。

四、性侵危機

　　在升小學六年級之前，J 小生的外婆過世了，她便跟父母表明自己不敢再住在曾與外婆共居的屋裡，父親聽到小孩子會害怕，就舉家遷至高雄鳳山居住。其實外婆過世只是 J 小生不想再居住在台南的原因之一，還有一個影響她很深的陰影，那就是在那屋裡差點發生兩次性侵事件。

　　J 小生跟她的五姊都長得很漂亮，在個性與成熟度上，她的五姊比較像是妹妹，較為不懂事。當外婆因為生病而經常返回台東時，理家的人就是 J 小生。那次 J 小生放學返家時，發現家中多了一雙男人的皮鞋，她馬上警覺有異，而她的五姊和小弟完全無知覺地在廁所裡外玩耍。J 小生跟他們說有人在他們家的二樓，五姊跟小弟才停止嬉鬧，並表示不知道這件事，而 J 小生要他們趕快跑，怕在樓上的男人是壞人。五姊跟小弟一聽，果真馬上往外跑去，留下 J 小生一人，J 小生只好自己躡手躡腳上樓巡察狀況。

　　果真如 J 小生所料，有個男人躲在她家二樓，而且是 J 小生的臥房。當時那男人背對著 J 小生，面向床鋪不知在做什麼。J 小生問他在做什麼，他尋聲回頭後，J 小生認出對方是父親的朋友馬沙，是一個文場樂師，J 小生覺得他喝醉了，而且對方的褲子早已滑落在腳邊。那時 J 小生還是個不解人事的小學生，她不懂這個男人在做什麼，只感到害怕，但她想解決問題，所以只好裝做鎮定，走到窗戶邊背對他說話。她不知自己這樣的舉動會讓自己陷入危機，她只是不敢看著對方說話。她給對方台階下，跟他說她的爸爸不在家，要他趕快回去。說完她再也撐不住便跑下樓去，並跑到隔壁房東家告知狀況，房東家工廠裡的工人就拿長棍、鐵棍要來打對方，不過馬沙早已騎車走了。

　　J 小生的爸爸回來，從房東家的老先生那兒聽聞此事，一開始非常震怒，要找對方來評理，看是要「洗門風」賠罪，還是做什麼處罰，但講到後來，J 小生的爸爸認爲對方是他的好朋友，不要把事情鬧大，選擇息事寧人原諒對方。不過這件事卻在 J 小生的心裡產生陰影，讓她從此對馬沙有種恐懼。

　　除了馬沙之外，還有一個人也讓 J 小生對男子產生警戒心，那就是她的舅舅，不過不是親舅舅。

　　記不清是九歲還是十歲的年紀，失業的舅舅借住在 J 小生家。那天除了舅舅，家裡只剩外婆跟 J 小生。外婆煮完飯，要 J 小生上樓叫舅舅下來吃飯，J 小生道了聲「好」就上樓喚舅舅，那時舅舅沒回應，喝醉了矇在被裡睡覺。J 小生看到舅舅滿臉通紅，不知道那是喝醉了，她只是乖乖地喊舅舅，這時對方跟她招手，要她走到床邊，她就聽話地走到舅舅身旁，不料舅舅掀開被子，坦露未穿褲子的下體，並指著生殖器問她：「知道這是什麼東西嗎？」那時 J 小生很害怕不敢說話，只是搖了搖頭，舅舅就跟她解釋那是何物，又說：「舅舅的給妳看，妳的怎麼不給我看？」嚇得 J 小生丟下一句話：「阿嬤叫你下來吃飯！」就衝下樓。

　　J 小生跟外婆說這事，但外婆爲了保護舅舅不被責備與處罰，要求 J 小生隱瞞此事。聽話的她嚥下滿腔委屈與恐懼，每天繼續和舅舅生活著，直到外婆過世了，她也長大了，才把這個埋在心底深處的秘密跟姊姊說；而她最親的媽媽在得知此事後的反應，竟然跟外婆如出一轍，都選擇息事寧人。或許她們是想 J 小生並沒有遭受到實質的傷害，不想把事情鬧大，家和萬事興。殊不知某些恐懼會轉化成其他思緒進入潛意識，對個人產生永久的影響，就像 J 小生一直到現在，每當遇到需要到台東掃墓時，她都會猶豫並排斥，因爲到那兒得過夜，過夜代表 J 小生面對舅舅的時間得拉長，而她頂多能做到跟舅舅打聲招呼，連目光都會故意錯過的情況下，已解人事的她實在無法自在去面對那個曾自曝下體的舅舅。

　　雖然 J 小生認爲自己日後成爲女同性戀者與性侵危機無關，但根據心理學的研究，遭受性侵威脅的孩童會在心裡產生很大的陰影，女孩可能會因此恐懼男性，排斥與異性有親密行爲。

五、放棄讀書

　　J 小生的父親或許不清楚 J 小生曾遭遇過什麼事，但聽到小孩子因外婆過世會害怕，不敢再居住在舊屋，於是便乾脆搬離台南這個城市，把戲路〔註12〕正好的戲班遷至高雄鳳山發展。那時 J 小生的家族劇團有六個戲棚，戲棚是演出所需的舞台搭設，不過舉家遷至鳳山後，這六個戲棚便賣掉了，往後要演出就出資請人搭戲棚。目前多數的外台歌仔戲劇團都沒有自己專屬的戲棚，都是演出前夕請人來搭戲棚。

　　在鳳山定居後，J 小生遇到一個新難題，那就是課業問題。在小學五年級之前，她的成績都是名列前茅，在班上不是擔任班長，就是副班長之職。轉學到了鳳山，老師是個外省人，她因為聽不懂老師的口音，成績大幅滑落，又遭老師指責，這讓好強、愛面子的她自尊心大大受挫，使她對於每天去學校上課之事顯得意興闌珊，於是她父親就更常拉她到戲班跑龍套，演老旦、彩旦、小旦等角色。本來星期六、日或寒暑假，J 小生就會到自家戲班幫忙。那時她因為出色的表現而屢受稱讚，這跟在學校裡所受到的挫折成為對比，所以她半是順著爸爸的意思，半是自尊作祟，有點開始放棄學業而專攻演出。不過當父親真的決意不讓她繼續完成學業時，她又有些反彈，當時她的導師打電話到家裡，希望父親讓她讀完小學課程，拿到畢業證書後再專心演出。但是她的父親覺得既然要走演戲這條路，讀不讀書沒有關係，更何況她只是個女孩子。以前的觀念是十分重男輕女的，就這樣只差幾個月就能拿到的畢業證書飛了，J 小生心裡不太好受，她企圖扭轉乾坤，於是就拜託姊姊們去替她說項。

　　姊姊們沒有積極幫 J 小生說話，她們轉告父親的言語給她知道，她父親認為自己上一代都沒有栽培他，他又為什麼得栽培自己的女兒。父親的一句話讓 J 小生永生難忘，那就是：「日後賺錢自己栽培自己！」因為這句話，J 小生卯足勁賺錢，小學未畢業的她成為職業演員，不僅在自家戲班演戲，還到處兼差，自己去接陣頭演出工作，所有收入一部份給爸爸，一部份給媽媽，其餘自己留下來當生活費。

〔註12〕戲路，歌仔戲專用術語，指戲班接戲演出的範圍與次數。

六、混亂的家庭

1980 年代，自己家劇團跟明華園號稱是當時最優秀的歌仔戲劇團，J 小生記得那時兩團十分競爭。明華園當時由陳昭香與陳勝在掛頭牌，自家劇團則贏在「女人」特多。歌仔戲自 1950 年代以後逐漸由女演員佔據全部舞台，觀眾愛看由女人充任的小生腳色，而 J 小生有五個姊姊，加上媽媽，光是自家人就占去七個腳色，而且幾乎都是年輕貌美的女性。

不過劇團開始賺錢後，家庭狀況也產生變化，飽暖思淫慾，J 小生的父親開始包養女人，他一包養女人，首當其衝的就是 J 小生的媽媽。她傷心丈夫喜新厭舊，另結新歡，於是會跟他爭吵，會跟他鬧，而這一鬧家裡就更加烏煙瘴氣，幾個女兒也不喜歡待在家裡，紛紛各自結交男女朋友。

母親因為父親的出軌而遠走他鄉，到日本療傷，父親乾脆就搬去和情婦同住。大姊當時交了男友，也仿效父親行徑，與男友同居在外；二姊則交了同性的朋友，也是住到女友家；三姊雖沒有住到男友家，但也經常跟男友四處跑，不在家的時間居多。當時留在家中的四人，就屬 J 小生賺的錢最多，所以她自然扛起養家的重任，並且操持家務多年。J 小生說：

> 後來姊妹都回來了，她們的婚姻都不好，讓我覺得最討厭的就是我
> 姊姊她們都交男朋友，她們的男朋友都不好，有時候就會吵架、打
> 架什麼的，我姊姊就會回家哭，還有交男朋友交一交就大肚子，有
> 孩子，就在家裡哭，不知道要生好，還是拿掉好，幾乎我眼睛看到
> 的狀況，有三個姊姊有這個狀況，在那兒掙扎不知道要怎麼辦，所
> 以就讓我覺得交男朋友要生孩子，在哪兒猶豫要不要拿掉小孩，還
> 有我姊姊又嫁人，丈夫又都會打她們，從那時開始我就跟自己說，
> 那我不要嫁人了，我也不要交男朋友。〔註13〕

幾個姊姊的感情和婚姻都不順遂，且讓 J 小生最感厭煩的就是姊姊們都會跟男友吵架、打架，而且男友一交就會有懷孕的危機，有三個姊姊都曾為了要生下小孩或拿掉小孩而煎熬掙扎；再不然就是結了婚遭到家暴。面對這些狀況，十幾歲的 J 小生暗自下了決定，她不想跟姊姊一樣，交了男友大肚子，在家裡煩惱哭泣，也不想冒著被打的危險去結婚，而這樣的念頭也影響了她往後的感情路。

〔註13〕 受訪者：J 小生。時間：2008 年 4 月 5 日 14：00～17：30。地點：台南樂活
515 餐廳。

　　J 小生自言，與異性交往會有懷孕的風險，以及結婚可能遭受的家暴，讓她排斥與異性交往，但此時的她並沒想要走同性戀之路，（她怕同性戀污名），她只是單純地不想步上姊姊們的後塵。

第二節　出外闖蕩的風雲歲月

一、出外闖蕩

　　父母感情的裂痕，與姊姊們各自的愛情所導致的一些混亂與麻煩，這些都讓 J 小生感到不平靜，在虛歲十七歲這年，J 小生決定跟賣藥團〔註14〕四處去唱歌，不想住在家裡面對姊姊們感情漩渦的紛爭。

　　在未跟賣藥團四處唱歌之前，J 小生本來就是自家劇團有戲就在自家劇團演出，沒戲就到別的戲班演出，通常都是錄音班，再不然就是去做陣頭表演。後來 J 小生想跳脫某種困境，她不想待在家裡，就乾脆到賣藥團賣藝，隨著賣藥團到戲園、歌廳去唱歌、跳舞。

　　賣藥團跟歌仔戲班一樣，都是衝州撞府四處表演，這樣類似流浪般的生活方式，其實是艱辛且曲折的，因此許多藝人在閒暇之餘會以打牌、喝酒抒發內心的苦悶和壓力，但 J 小生並沒有「入境隨俗」，染上抽煙、喝酒、賭博等惡習。

　　歌仔戲有句諺語：「豬吃狗睏毛蟹行」，形容演員生活困苦，像豬什麼東西都吃，像狗四處可席地而睡，像螃蟹般四處橫行。賣藥團的生活跟戲班也相去不遠，而 J 小生自小在戲班長大，這樣惡劣的生活環境對她而言不是什麼挑戰，只是某些生活的歷練是出了外才逐漸體會到的。畢竟從前在自家戲班她是「頭家囝」，是班主的女兒，不太會受到排擠，但是剛跟賣藥團四處去表演時，她屬於小牌的歌手，難免會遇到某些挫折或欺侮。例如有次某個女孩子偷換她要唱的歌，結果她出場後，樂師不幫她演奏，還氣憤地站起來用三字經罵她要換曲子也不事先說。台上的她簡直百口莫辯，雖然主持人為她緩

〔註14〕　賣藥團，帶著藥品兜售的表演團隊，以歌唱、跳舞、演戲、雜耍等表演活動吸引觀眾，並炒熱氣氛，再以具有煽動群體情緒的廣告詞鼓動現場觀眾購買藥品。詳見劉秀庭：《「賣藥團」：一個另類歌仔戲班的研究》，藝術學院傳統藝術研究所碩士論文，1999 年 9 月。

頰，但當眾被羞辱的挫折，對自尊心極強的 J 小生而言是個難以忘懷的記憶，不過也是因爲這種種磨練，愈加造就她獨立成熟的心智。

除了人事職場的挑戰之外，還有些「無形」鬼神的捉弄，也讓 J 小生印象深刻。那時跟賣藥團四處表演，有時賣藥團會包下戲園，那 J 小生他們演出結束就睡在戲園的舞台後面，戲園因爲長期不受陽光照射，所以有一些靈異傳說，因此戲班或演藝人員他們認爲戲園是比較陰森的地方。某次 J 小生跟著其他藝人準備到舞台後面休息時，她忽然覺得有人把她的腳往下拉，於是她的一隻腳就陷到木板夾層裡，她整個人也就趴到地板上，前面行走的人被砰然巨響嚇到，回頭將她扶起來，並問她怎麼了。她又驚又痛又羞愧，驚的是不知什麼東西抓住她的腳，痛的是重重跌一跤，羞的是自己趴在地上的糗樣，但她什麼也不敢說，更不敢把恐懼和羞赧化爲淚水。隔天早上她發現自己的腳上有五個指印淤痕，於是連忙聽從團裡長者的建言，跑去廟裡拜拜消災解厄。

在外的日子，有苦有樂，有辛酸也有溫暖。某個寒假 J 小生看弟弟一個人在家無人照顧，就帶他一起到賣藥團。那時弟弟正在發育食量很大，J 小生就把她所有的零錢都給弟弟，要他去吃些東西，自己卻在開場前餓得前胸貼後背。這時團裡打雜的大哥看出她餓壞的情形，拉著她去吃自助餐，還故意點了一堆菜。J 小生不好意思夾盤裡的菜，她只是默默地吃著白飯，淚珠就在辛酸與感動的情緒中滾落，她心想自己有父有母，有五個姊姊，但最親的家人都只顧著自己，爸爸有了錢就出軌，媽媽傷心離家，幾個姊姊不管是交男朋友或女朋友，反正有了情人之後就跟情人走，都沒想到弟弟妹妹，反而是一個外人這樣幫自己，眼前的大哥哥是她永遠都不會忘記的人，有朝一日她希望自己也可以這樣幫助別人，給予別人相似的溫情。

二、厭倦戲班生活

J 小生的母親離家一陣後，終究又因掛念著丈夫、兒女而回到戲班，J 小生在母親返家後，也聽從母親的話，專心在自己戲班幫忙。不過母親的歸來，並沒有讓父親回心轉意，回歸正軌，拋捨情人。相反地，他反而明目張膽地把情人帶到戲班，安置在他拉弦座位的旁邊，讓情人陪伴他並觀賞 J 小生的媽媽演戲。這樣毫無顧忌的行爲舉止，不僅傷了 J 小生母親的心，也讓她臉面掛不住，所以她借酒澆愁，而喝酒容易誤事，演出時就無法發揮平時該有的水

準。當時劇團團務由 J 小生的二姊負責，她以身為戲班負責人的角色訓斥母親失職的表現，J 小生便忍不住跳出來說話，她希望二姊能多體諒母親的心情，但身為負責人，加上又是當家小生，她二姊氣焰便稍微高張了些，得理不饒人，兩姊妹就經常為此起了爭執。

在 J 小生的心裡，她是偏向母親的，她不滿父親花心的行徑，也難以諒解姊姊太過公事公辦的態度。一方面她希冀自己能多幫母親一些，好寬慰母親鬱悶的心情；另一方面她卻逐漸厭倦戲班的生活，從搭臺、安景到演出、拆台、「落籠」〔註15〕等繁雜吃力的工作，加上親情的失衡，讓她感受不到家庭的溫暖。J 小生說：

> 我印象最深的就是……煞戲（演出結束）不是要整理東西嗎？我就整理好東西，回到家時，我在落籠，我跟一個司機兩個人在那邊扛籠子，下大雨，我媽媽也在幫忙，我跟我媽媽說：「媽媽妳進去，我跟司機來就好了。」我媽媽就進去了，那時我姊姊們拿著雨傘要出門，我問說：「妳們要去哪裡？」她們說她們要去吃點心。那時下大雨，我在扛戲籠，她們怎麼這麼無情，整群要去吃點心，讓我一個人在這邊扛這些……但是我還是忍下來，跟我大姊說：「大姊妳回來時幫我包個乾麵。」她說好，就一群人出去吃火鍋了。我淋了一身雨，洗完澡在等她們，等到七晚八晚，她們回來了，卻沒有幫我帶乾麵回來。我姊姊說：「麵攤關門了，所以沒幫妳包回來。」那種辛酸，又餓，我就跑進去哭。我在家不快樂，在我十七歲之前我的印象中，我的人生是黑白的。〔註16〕

外台戲班演員，因為工作環境與型態較為特殊，所以通常沒有嬌貴的本錢。他們不論嚴冬或炎夏，都得化著大濃妝、穿上或輕薄或厚重的戲服在野台做演出。大多時候是一天演出兩場，有時候是「三齣光」，演員得徹夜不斷地演出，不讓鑼鼓聲間斷，直至祭拜典禮結束。而且演員不是演出結束就沒事了，他們多數人都還得幫忙拆臺，卸下布景、燈光等等。若遇到隔天在下一個演出點有戲時，那就需要連夜「過位」。也就是說當天演出結束後，他們得快速

〔註15〕落籠，歌仔戲專有術語，指到達演出地後，工作人員把戲籠、道具、布景、音響等相關舞台用品搬至舞台上，並排列於特定位置；或是指演出結束後，將收拾好的戲籠、道具、布景等相關物品搬下貨車，置於戲班的倉庫。

〔註16〕受訪者：J 小生。時間：2008 年 4 月 5 日 14：00～17：30。地點：台南樂活515 餐廳。

收拾戲籠、拆臺、「起籠」〔註17〕，然後演員跟著戲籠一起擠在卡車裡，前往下一個演出地點，吃睡都在卡車上。

　　J 小生是戲班囝，更得幫忙做拆臺、落籠等工作，這本來是很習以為常的工作內容，卻因見識到姊姊們袖手旁觀的態度，心生辛酸之感，加上當時三伯父某些失當的言語和行為，讓她對自己的家和戲班失去某種歸屬感。

> 在我十七歲住在鳳山時，我爸爸的哥哥，三伯父，住在我家，他非常變態，他看不起我媽媽，他也不疼我們這些小孩子，那時候他看到我們就說：「來。」我們不懂，乖乖走過去，他就從我們的頭敲下去，虐待我們，那時我們就會怕他。那時我家正在亂，他不時就會搗碎玻璃，說要對我們的眼睛灑碎玻璃，讓我們瞎眼，他會把碎玻璃包成一包一包的，非常變態。他會說：「生妳們這麼多小孩要做什麼？妳們又不孝順，妳爸爸多拖磨而已，妳們要吃飯時，我要用老鼠藥毒死妳們。」恐嚇我們，所以他煮的東西我們都不敢吃，他是真的很變態，三更半夜還會磨刀子。我們小時候真的生長在很恐怖的世界裡。〔註18〕

父親經營戲班，家裡便經常收容許多人，不僅是讓 J 小生心生畏懼的三伯父住在她家，還有一個行為偏差的堂哥也跟他們一起住。

> 又有一個堂哥，我大伯的兒子也住在我家，最好笑的是有一天我姊姊有個結拜的姊姊叫阿月，她「癲癲」（有點傻氣的意思），她到我家，說要睡在我家，那天我要她到我房間睡，我自己去三樓睡，她很高興，因為以前我都不讓人家在我房間睡。結果三更半夜我堂哥去「壓」她，要強暴她，一直親她，阿月就打他，問他在做什麼，我堂哥就說：「怎麼會是妳？」這件事我都不知道，隔天阿月姊才跟我說：「我會被妳害死，妳知道嗎，妳堂哥昨晚到妳房間一直親我，看到我說：『怎麼會是妳。』」她就一直罵，我被嚇到，想說怎麼會這樣。我遇到好幾次這種變態，而且都是自己的人，就會一直畏懼，又看我姊姊嫁人，被丈夫打得鼻青臉腫，我四姊、五姊都是這樣，

〔註17〕　起籠，歌仔戲專用術語，指前往演出前，將表演行頭、布景等裝進戲籠，並連同道具、音響等舞台用品搬上卡車，送往演出地點。

〔註18〕　受訪者：J 小生。時間：2008 年 4 月 5 日 14：00〜17：30。地點：台南樂活515 餐廳。

　　血流得滿身都是，我就跟自己說：「那嫁的是什麼？男人都是這樣
嗎？」我就跟自己說我不要交男朋友了，因為我怕生小孩，怕生了
小孩子不孝順……那時就沒有這種慾望了，然後我就離家出走了。
　　〔註19〕

　　大伯的兒子想非禮 J 小生，卻陰錯陽差搞錯對象；姊姊們不幸的婚姻與感
情生活，種種紛擾與糾葛，讓 J 小生不再眷戀這個家，不再眷戀戲班生活，加
上 J 小生的父親本身又失去某種典範，無法以身作則管教小孩，而且也分身乏
術，所以 J 小生就萌生離家發展自己事業的想法。她跟自己比較談得來的四姊
說她想到外面唱歌，她四姊也贊成，於是未成年的她就這樣飛離舊巢。

　　民間戲班四處演出的生活型態，讓演員或相關人員習慣四處借住，尤其
是團長家，更是經常收容演員或戲班相關人員，而這樣龍蛇雜處的生活環境，
幾度讓 J 小生險遭異性性侵。無獨有偶，E 小生孩童時期的記憶也是如此，她
的父親組了一個戲班，那時戲班孩子不分男女睡在一起，十幾歲的 E 小生就
被一位男生亂摸，此事也在她心理產生烙印。（詳見第三章第三節之三）

三、初生之犢不畏險

　　事先未曾跟父母做過商量，J 小生整理好包袱，帶了一點錢，就貿然離家
出外闖蕩。這次還不是跟賣藥團走，而是獨自一個女孩子北上冒險。

　　因為從事演出工作，加上曾跟團、出陣頭，J 小生較懂得裝扮自己，也有
一些社會歷練，所以未成年的她看起來像是二十幾歲。又因年輕貌美且單身，
所以剛踏上臺北投宿旅社的那晚，差點就被老闆娘設計陷害成為應召女郎，
好在她夠機警，寧願捨棄已付的房錢，連夜逃走。

　　後來她又去台北一間新加坡大舞廳應徵駐唱，但是舞廳經理先跟她說已
有固定駐唱的歌手，後來可能看 J 小生姿色、身材都不錯，就鼓勵她先當個舞
小姐，並且積極地要幫她找個宿舍。一開始 J 小生還傻傻地答應了，後來靜下
心來思索，覺得舞廳經理說詞前後矛盾，她怕被騙，又再次逃走了。

　　北上之時，J 小生存了兩萬多，想做為這段日子的生活費，但她一直找不
到自己喜愛的歌手職缺，又不想屈就自己從事打雜之類的小妹工作。一兩禮

〔註19〕受訪者：J 小生。時間：2008 年 4 月 5 日 14：00～17：30。地點：台南樂活
　　　　515 餐廳。

拜過去，很快地錢便花光了，這時的她想起結拜的乾哥哥，就搭車返回鳳山找他。

> 那個更慘，那天我去他家，隔天他要去當兵，他人很好，是由朋友認為哥哥的，他安排我住他姊姊的房間，隔天早上他去當兵，那時我還在床上睡覺，因為住別人家裡，所以我也不好意思鎖門，結果他媽媽開門進來，拉起蓋在我身上的棉被開始折疊，我整個人被她的動作嚇醒，她說：「我跟妳說，我家宏仔不在了，我這兒不能給妳住，妳東西整理好趕快給我出去！」我羞愧極了〔註20〕，我就爬起來跟她道歉，她可能把我當作不良少女吧，我就整理行李離開，但不知該去哪兒，我就打電話給我姊姊。其實我有朋友，但是不敢去找朋友，怕朋友會洩漏我的行蹤，我會被抓回去。我打電話給我大姊，她說：「妳到底跑去哪兒？」我大姊那時已經結婚住在台南，沒有演歌仔戲了。我跟她說我的情形，說我現在找不到住的地方。她就要我去住她家，再想想要做什麼工作。我就再坐車到台南，住她那兒。

幾經輾轉，J小生來到台南，投靠已結婚的大姊，開啟她輝煌的歌唱事業。

> 歌仔戲圈很流行認乾爸媽、乾手足、乾兒女，此時的J小生先是有位乾哥哥，日後她改演小生後，又分別認了乾媽媽和乾妹妹。這樣認親認戚的風氣，主要與歌仔戲界的「朋友」觀和賞金文化有關，詳見第五章第一節。

J小生在抵達台南後，衡量實際狀況，暫時屈服於現實，去應徵打雜小妹的工作。第一天她就找到小妹的工作，但是那晚她卻因為姊夫的人際關係而有個機會可以幫人代唱，猶豫了一會兒，她便下了決定，捨棄剛應徵上的小妹工作，毅然決然穿上一直隨身攜帶的歌手行頭，前往西門路代場。

或許是機緣到了，也或許真如J小生所言，她那時唱歌很活潑，不會呆呆地站在一個定點唱，她總是又唱又跳，這跟其他歌手十分不同，因此那晚代唱讓J小生一炮而紅，很多人爭相請她去唱歌。晚會、夜總會、電子花車……只要有機會唱，J小生一律不放過。就這樣她從台南唱到台中，先為自己買了

〔註20〕 2009 年 10 月 13 日，筆者請 J 小生確認筆者所寫的生命史是否有誤時，J 小生她說她看到這一段，就一直很想哭，過往的記憶又被拉回來，那鮮明的恥辱感至今猶存。

一輛機車，隔年又以姊姊的名字買房車、房子，因爲虛歲十八的她依舊尚未
成年，無法以自己的名字置產。

四、同性戀情

　　當了歌手之後，J 小生很自然就認識許多同行的人，其中歌手 Plum 跟某
酒店的女 DJ 都對 J 小生產生愛慕之情。

　　　　十八歲那年我就認識 Plum〔註 21〕，她也是歌手，她會到餐廳、舞廳
　　　　聽我唱歌，那時有個名叫 High Class 酒店的 DJ，她是個女生，但是
　　　　她看起很帥，很像外國人，她是混血兒，她想追我，我心裡想說她
　　　　是同性戀嗎？我不是同性戀，她追我怎辦？我跟她感情不錯，Plum
　　　　知道她要追求我，她也開始採取攻勢，對我非常好，非常體貼，買
　　　　東西給我吃，請我去看電影，但是那時我忙著賺錢沒時間跟她出去，
　　　　不過我感受得到她對我的殷勤。那時我沒經驗。〔註 22〕

Plum 的外型比 J 小生更加女性化，向來都是長捲髮、高跟鞋。一開始她只是
會到餐廳、舞廳聽 J 小生唱歌，但在得知 High Class 酒店的帥氣女 DJ 對 J 小
生很殷勤之後，就跟著採取行動，對 J 小生展開溫馨柔情攻勢。不過一來 J 小
生檔期很滿，二來她對同性戀情沒有經驗，所以沒有給予雙方很多機會去發
展感情。

　　　　可能是緣分，有天唱歌唱到很晚，她陪我回家，就留在我家睡。一
　　　　開始兩個女生一起睡並不覺得有什麼，不過睡到半夜她就抱我摟
　　　　我，那時被摟心裡怦怦亂跳，不知那是什麼感覺，什麼都不懂。在
　　　　十七歲之前也曾有好些個男孩子要追我，我不是沒跟他們交往過，
　　　　只是我沒讓他們追求成功過，像他們想牽手，我就會揮開，騎機車
　　　　時要我抱著他的腰，我也不肯，他們沒機會……後來就跟 Plum，她
　　　　抱我摟我，我心裡怦怦亂跳，回過頭她又親我，我不知道那是什麼
　　　　感覺，沒經驗嘛。後來我很煩惱，僅只是這個樣子而已，我就覺得
　　　　整個世界都變了，睡醒時就在想說慘了，我變成同性戀了？我變成
　　　　同性戀了？我該怎麼辦？我該怎麼辦？一直煩惱這個問題，因爲那

〔註 21〕爲尊重當事人隱私，Plum 是化名。
〔註 22〕受訪者：J 小生。時間：2008 年 4 月 5 日 14：00～17：30。地點：台南樂活
　　　　515 餐廳。

時社會沒現在這麼開放，我就很怕家裡的人知道，怕其他人知道，
就變成暗中慢慢進行，慢慢就開始交往，就住在一起。〔註23〕

　　J 小生與 Plum 的愛情明朗化是在兩人有了親密的肢體接觸之後，那晚
Plum 陪唱歌唱到很晚的 J 小生回家，自然地就在她家過夜。一開始 J 小生並
沒有覺得兩個女生同睡一張床有什麼不妥之處，直到半夜時 Plum 突然從背後
抱她摟她，瞬間 J 小生有了異樣的感覺，心裡怦怦亂跳，她回頭看 Plum 時，
Plum 就親了她，那時完全沒有經驗的 J 小生亂了心緒，她知道自己喜歡 Plum，
但她不知道那是不是愛情，現在 Plum 對自己做了摟抱與親吻的行為，自己沒
有排斥感，反而有些難言的悸動，難道自己是喜歡同性的嗎？自己是同性戀
嗎？J 小生覺得世界翻轉了，不知該怎麼辦，她怕家人知道，她怕朋友知道，
她不敢挑戰這個社會的道德規範，但她也不願捨棄這段剛萌生的愛情，於是
她就跟 Plum 暗中交往，進而住在一起。

　　其實在 J 小生十三、四歲時，便曾有個常來看戲的「T」，想追求外表看
來比實際年齡大許多的 J 小生。那時 J 小生表明自己不想成為同性戀，於是拒
絕了她。在 J 小生的認知裡，「同性戀」是錯誤的，是不容於社會規範的，她
雖然不想交男友、結婚，但年輕的她也沒想過要走這條路。只是當愛情來敲
門時，許多的「規則」自然就只是心靈的枷鎖，實際的感情生活便依「現實」
的劇本不斷地做調整演出了。

　　Plum 是 J 小生的第一個戀人，兩人的感情持續了很多年，不過兩人的親
密行為一直僅限於擁抱、親吻與愛撫，因為 J 小生不肯讓 Plum 突破最後防線。
根據 J 小生自己的說詞，她說因為她從沒有過「完整」的性經驗，是「黃花閨
女」，所以便不許 Plum 逾越底線。在心底深處，J 小生仍舊受傳統禮教觀念所
束縛，慶幸 Plum 尊重 J 小生的感受，所以兩人的甜蜜世界維持了六年左右。

　　會步上女同性戀之路是 J 小生沒有預料到的，雖然她幾位姊姊都不乏與女
性交往的經驗，但 J 小生恐懼同性戀污名。她雖排斥與異性交往，不過年輕的
她也沒想到要和同性交往，Plum 的殷勤攻勢沒讓她意識到自己正在走往同性
戀的道路，直到那晚 Plum 親吻了她，才讓她驚覺自己是不是變成同性戀了。
後來兩人偷偷私底下交往，J 小生選擇當「婆」（女同中較為女性化的角色），

〔註23〕受訪者：J 小生。時間：2008 年 4 月 5 日 14：00～17：30。地點：台南樂活
　　　　515 餐廳。

於是她便塑造 Plum 成為「T」，在這過程，性別認同有些像是學習所得，不是天生自然而然的。詳見第三章第二節。

第三節　重返戲班與投資新事業

一、姊妹嫉妒，重回戲班

在外頭闖蕩了三、四年，J 小生聚積了不少財富，年輕的她不懂得理財，有錢就置產，共買了三間公寓、一棟透天房子。但這樣的成就看在姊妹眼裡，卻產生不平之氣。

> 我姊姊以前很嫉妒我，嫉妒我在外面有車子有房子，嫉妒我在外面發展自己的事業，不過我賺錢都有拿錢回家給父母，但是她們會覺得她們都在家演戲，我就可以在外面發展，這樣不公平，所以她們跟我爸說如果我不回來演戲，她們也不要演戲。她們這樣跟我爸威脅，所以我爸就說：「第六的，我看妳回來演戲，不然妳姊姊們說妳若不演，她們也不演，妳讓爸爸好做人。」〔註24〕

本來 J 小生並沒有打算放棄自己喜愛的歌唱事業，是因為姊姊們不平的心理、父親難為的口氣，孝順的她動搖了，於是她和 Plum 離開台中，落居南部，J 小生重新粉墨登台，主攻小旦、彩旦。

當初會堅決想去唱歌，除了是自己的興趣之外，J 小生也想爭一口氣。

> 就很多刺激，還有之前演□□〔註25〕那個□□□，她是我二姊的朋友，很年輕就交往的同性朋友，那時她一直說：「妳不待妳爸爸的團，不然妳到我家的劇團演。」她家的劇團是錄音班，但是我的觀念是我爸爸自己有團我都不演，除非我自己又做別的工作，不然我去別人的團演戲，會傷到我爸爸的心。他會想說我的小孩不幫我演戲，去別人家演戲。我很多姊姊都是這樣，傷我爸爸的心，所以我不敢

〔註24〕受訪者：J 小生。時間：2008 年 4 月 5 日 14：00～17：30。地點：台南樂活515 餐廳。

〔註25〕為保護當事人，以□代替受訪者所提及之人名或劇團名稱，以下皆同，茲不再贅述。此處 J 小生所提是某個角色的名稱，因此角色名稱只出現在某知名劇團的公演戲碼裡，所以不便寫出角色名字。

傷他的心。我就跟她說：「我想出去外面唱歌，看能不能賺比較多錢。」
她竟然跟我說：「妳當妳自己是什麼條件？妳想跟人家到外面唱歌？
哪有那麼容易……」很過份，然後我又記起來，我決定要唱歌給她
看，我要靠唱歌賺很多錢讓她看。上帝真的如我的願，讓我在外面
唱歌唱到很輝煌。他們很多人還是靠我介紹才到外面唱歌，包括說
這話的人也是靠我介紹出來唱歌，那時她就跟我說：「妳能不能幫我
介紹一下？我也想出來唱歌。」怎麼說呢？我自己很打拚，不讓人
家看扁，我生活中遇到很多困難的人事物，就很激勵我。〔註26〕

重回戲班的 J 小生對於這個家有許多分不清的複雜感受，當初親人朋友的某些
輕視言行讓 J 小生發誓一定要有所成就，而當她真的有所成時，至親手足又對
她又羨又妒。

我會這樣一直激發自己就是因為我遇到很多講話很毒的人。比如說
我看車，我坐在我四姊夫的車上，車上有我姊姊、我，從永康沿路
看車。那兒有很多車行，我就說那台車很漂亮，我四姊就鼓勵我說：
「妳就節儉一點，妳現在有在賺錢，節儉一點自己買一台。」我說：
「好啊，以後自己買一台。」可是我姊夫就說：「要買車？妳以為那
麼簡單喔？要養的起！三年五年……」就這樣，我把他的話放在心
裡，我決定一定要買給他看，一定要買比他好的車。〔註27〕

車子事件的刺激是發生在 J 小生十五、六歲時，種種刺激她都放到心裡，她不
要人家看不起她，終於她實現她的誓言，買車、買房子，不過已能獨當一面、
事業有成的她，最終屈於親情，而這也造成她人生的另一個轉折。

二、投資開店，感情生變

當 J 小生放棄當歌手，回過頭來演戲，收入頓減，這對已習慣優渥物質條
件的她而言不啻是個新挑戰，讓她不得不再度重新思索自己的未來，因為單
純演出歌仔戲無法維持生活開銷，於是大約在 J 小生二十三歲左右，她與 Plum
兩人在台南投資經營一家咖啡店，招牌題為「抒情小站」。

〔註26〕 受訪者：J 小生。時間：2008 年 4 月 5 日 14：00～17：30。地點：台南樂活
515 餐廳。
〔註27〕 受訪者：J 小生。時間：2008 年 4 月 5 日 14：00～17：30。地點：台南樂活
515 餐廳。

> 我最早投資的是一間咖啡店，抒情小站，因為那間店，茉莉跟一群
> 朋友到我們店裡，她就這樣認識 Plum，抒情小站就變成偷情小站，
> 那一年我二十三歲，我們兩個感情第一次出問題就是從那時開始。

〔註 28〕

茉莉是某歌仔戲班的當家小旦，她似乎很欣賞 Plum，會主動約 Plum 出來聚會。J 小生發現後，兩人感情首次出現裂痕，抒情小站也因為這樣而收起來，而 Plum 表面上跟茉莉就沒有下文了，她回到 J 小生身旁，但卻埋下日後兩人徹底決裂的種子。

咖啡店關門後，J 小生一邊演歌仔戲，一邊跟姊姊們投資啤酒屋，但卻在此時又發生一件讓 J 小生畢生難忘的性侵事件。

> 我四姊是我家唯一算正常的，她正常結婚，正常生小孩。我記得有
> 一年，我雖然在演歌仔戲，但是我有錢，我會投資，不是投資咖啡
> 廳，就是投資啤酒屋。我就一邊演歌仔戲，一邊做投資，只是有的
> 雖經營得不錯，後來又因某些原因沒繼續經營。投資過很多種，也
> 沒完全失敗……有一次我們開啤酒屋，我四姊去演歌仔戲，我去顧
> 店，結果我姊夫喝醉酒，我睡在店裡，那時我很累就在店裡睡著了，
> 我姊夫竟然要非禮我。（筆者問：那時妳幾歲？）應該是二十五歲之
> 前，大約二十三、四歲時，他想來非禮我，我嚇到就赤腳衝到櫃臺
> 拿車鑰匙，忘記拿包包，馬上開快車從鳳山開車開回台南，沿途一
> 直發抖，過收費站時，沒有錢可以繳費，好像是三十五元，我就路
> 邊停車，在車子裡一直翻，看看有沒有掉落在車裡的零錢，最後終
> 於讓我翻出三十五元，然後就把錢給收費員。回到台南後，看到我
> 姊姊就放聲大哭，完全無法停止。我姊姊一直問我怎麼了，我就說
> 姊夫在店裡想非禮我。我姊姊氣到想跟我四姊說，但又想到我四姊
> 很愛她先生，就又把這件事壓下來，沒說出來……不過後來我四姊
> 還是知道了，她跟我道歉，不是我四姊夫跟我道歉，是我四姊，因
> 為她很愛她先生。從那次之後我們就保持距離。〔註 29〕

〔註 28〕受訪者：J 小生。時間：2008 年 4 月 5 日 14：00～17：30。地點：台南樂活
　　　 515 餐廳。

〔註 29〕受訪者：J 小生。時間：2008 年 4 月 5 日 14：00～17：30。地點：台南樂活
　　　 515 餐廳。

J 小生的幾個姊妹，都各自交過男女朋友，在當時唯有她四姊、五姊只跟異性交往，四姊走入婚姻且生子，所以 J 小生認為她四姊是「正常的」，她倆原先也是比較有話聊的，但經過這次性侵危機後，兩姊妹產生芥蒂，很長一段時間都保持著距離，直到多年之後才又慢慢親近起來。

三、母親中風，六個姊妹共同掌團

從事歌仔戲演藝工作，J 小生經濟陷入困境，投資開店又發生感情風波與性侵危機，所以 J 小生便決定再回台中駐唱。

> 回去一兩年後，一直不好，賺不到錢，所以又跑到台中重新開始。

> 感情的事也有啦，也想說換個環境賺錢也好。〔註30〕

J 小生跟 Plum 返回台中，J 小生繼續唱歌，Plum 則因歌喉不佳而轉做櫃臺等其他工作。在台中唱了半年左右，J 小生又打算在台中買一棟房子，定金已付，卻因接到母親中風的電話而放棄台中的歌唱事業與剛付的定金。

J 小生跟母親的感情很深，她一向捨不得母親受苦。這次看到母親因為演戲時喝酒，又要刀槍做激烈武打動作，加上她的吊眉帶綁得過緊，造成血管爆裂而中風，她心裡很心疼很不好受，所以她便將母親接到台中照顧。但是她的母親經常思念在高雄的夫婿與兒女，於是 J 小生便每個禮拜載她母親返回高雄一趟。

每個禮拜台中高雄兩地奔跑，耗去 J 小生不少時間與心力，所以她決定割捨如日中天的事業，返鄉照顧母親；而同時間家庭會議的結果，家族劇團改由六個姊妹共同經營。

> 本來是我爸爸掌團，我媽媽中風了，才叫回來開家庭會議，就說六個姊妹共同掌團，結果我堅持不要，因為我在外面自己有收入，在唱歌，還有我又想說回來掌團還要花本錢。〔註31〕

J 小生一開始是很反對由六個姊妹共同經營戲班，因為她早已有自己的興趣與事業，而且她也熟知接掌戲班代表著要重新做投資，她打從心裡不願意，可是最後依舊得屈於「現實」，乖乖聽從安排。

〔註30〕 受訪者：J 小生。時間：2009 年 6 月 6 日下午 14：45～16：45。地點：J 小生家客廳。

〔註31〕 受訪者：J 小生。時間：2009 年 10 月 13 日 18：00～20：00。地點：台北市八德路四段怡客咖啡。

　　剛開始接團時，果如 J 小生所預料的，得先砸下百來萬添購新的布景、戲服等等。不過六個姊妹倒是不用先掏腰包支付這筆金額，因爲當時劇團的戲路很好，很多廟宇請主會事先跟她們簽約請戲，而簽約請戲就會先支付部分戲金，所以她們就以事先取得的戲金去繳納購買布景、戲服的費用，大約半年左右便把百來萬的款項還清。

　　雖然沒先掏腰包做實際的投資付出，但姊姊不公平的薪資發放卻讓 J 小生很受傷。

　　　我們六個共同經營劇團的時候，我大姊負責接外面的工作，我二姊
　　　固定掌團，安排要演什麼戲齣啊，三姊也是在劇團裡，我們都是乖
　　　乖當演員，但是我姊姊發薪水差別待遇很大，我記得有一年去澎湖
　　　演，好像演快一個月，就在澎湖發薪水，她發給我的薪水是一天七
　　　百元，那時我在外面每天賺三四千元，四五千元，忽然回來領到一
　　　天的薪水七百元，我差點哭出來，心情很糟糕……很想哭出來，因
　　　爲我做的不是七百的角色，落差太大。那時我四姊夫在劇團裡幫忙
　　　燈光音響，坐在旁邊又沒做啥燈光變化，他一千……（筆者：爲什
　　　麼她的薪水反而比較高？）她就是看人啊！她想說我是第六的，最
　　　小的，反正我又沒差那些錢。那種心態就讓我無法尊重她，所以那
　　　次我在澎湖就很生氣，就說我不要領薪水，我就很氣說我做義演的，
　　　我不用領。〔註32〕

名義上是六個姊妹共同經營劇團，但實際上戲路的接洽工作由大姊負責，戲班團務與演出則是二姊掌管，其餘姊妹比較像是單純的演員。對於這樣的安排，姊妹間並無異議，可是牽扯到薪資時，姊姊以輩份大小和每人的經濟狀況作爲發放薪資標準，不將實際付出情形納入考慮，導致輩份最小的 J 小生，每天演戲只能領到七百元，而負責燈光音響的四姊夫則是一千元，讓她心裡十分不平衡。一氣之下，J 小生跟姊姊表明，與其領這七百元，她寧願自己是回家幫忙義演，也不願「身價」如此低廉。

　　薪資發放考量不周全埋下日後六個姊妹共同經營戲班失敗的引爆點，但這也只是其中一個導火線而已。那時 J 小生懷著自己是回家幫忙的心態，她的五姊也是如此，因爲她五姊離婚後爲了撫養孩子，除了劇團演出工作之外，

〔註32〕受訪者：J 小生。時間：2009 年 10 月 13 日 18：00～20：00。地點：台北市
　　　　八德路四段怡客咖啡。

她又另外找了一份工作，因此她們兩人都沒把戲班看得很重要；而二姊、三姊經常吵架，四姊則是有時很倔，這些導致戲班難以安寧，無心的無心，爭吵的爭吵，這樣的戲班如何經營與管理？所以六個姊妹共同經營戲班的時日並不長，而她們的父親便順理成章又把戲班接回來，恢復自己掌團的狀況。

四、淡出歌壇，舞廳帶班與投資 T-bar

　　劇團改由父親接管後，對 J 小生並沒有什麼影響，反正返回高雄後，她就是一邊照顧母親，一邊幫父親演戲，不過有做場唱歌的機會，J 小生依舊會兼差賺錢，只是漸漸地歌壇發生變化，演唱者以清涼裝扮取勝，讓 J 小生不太能接受。

> 那時候我就很少在唱歌了，因為那段日子……那時候的晚會也不那麼好，而且出去的女孩子都穿一勾的，以前我們做晚會是穿戴得很華麗，很像作秀，後來時代演變，她們都是穿一勾的啦，沒有那麼華麗，局勢開始轉變，我就會覺得說那我出去格調不合，漸漸就不想出去做場。〔註33〕

時代改變，欣賞品味跟著改變，J 小生不願隨波逐流，譁眾取寵，所以漸漸地減少兼差唱歌的次數。

　　往後的歲月，有時 J 小生會回想當時若沒放棄歌唱事業，或許她現在會在歌壇成名也不一定。

> 我放棄我所有的事業，一個月十幾萬，那時 PUB 還沒流行，有一個美國人，他是在玩樂隊的，他想栽培我做他的主唱歌手，那時我跟他說我不會唱英文歌曲，我書讀得不多。他就說沒關係，因為那時我本來就有在唱英文歌，我會自己翻。那時我也不會唱日語歌，不過我很愛唱日語歌、廣東歌、英文歌，我都用翻的，不知道的人都以為我很有學歷，書讀得很高，其實我只讀了國小，但我會充實自己，我會自己跑去學彈琴，學唱歌等等，都是自己花錢去栽培自己。
> 〔註34〕

〔註33〕受訪者：J 小生。時間：2009 年 6 月 6 日下午 14：45～16：45。地點：J 小生家客廳。

〔註34〕受訪者：J 小生。時間：2008 年 4 月 5 日 14：00～17：30。地點：台南樂活515 餐廳。

如同當初她父親所說的，「日後自己賺錢自己栽培自己」，J 小生一直躬身力行，她賺錢投資自己，讓自己不斷地成長，只是在這個過程裡，總有許多考驗與抉擇，以及許多無奈。

自從放棄台中的歌唱工作，J 小生的事業開始走下坡，感情也起了變化。Plum 跟 J 小生交往之後，就隨著 J 小生走，J 小生在台中唱歌，她就跟著在台中找工作；J 小生回高雄照顧母親，她也跟著南下照顧愛人的母親。J 小生曾說她真正認定 Plum 是在她母親生病時，因為她看到 Plum 照顧她的母親宛如照顧自己的母親一樣，讓她很感動，但後來終究敵不過現實的考驗，兩人的裂痕越來越深。

> 回家一方面演歌仔戲，一方面照顧我媽媽，那段日子就沒什麼錢好賺，因為之前在外面一個月賺十幾萬，我的開銷一個月七八萬、五六萬都可以過。回家演戲一個月賺不到一、兩萬元，那時演一天才一千元，賺不到什麼錢，慢慢地我就沒有什麼收入。沒什麼收入後，就慢慢地賣掉一兩間房子，我就鼓勵 Plum 去舞廳，第一因為她唱歌不好聽，第二我跟她說唱歌不可能唱到老，那有時限，除非是當司儀……後來生活就比較拮据，比較拮据以後，我們開銷又重，我就跟她說：「不然妳去當帶班。」我就鼓勵她去做帶班。〔註35〕

Plum 在 J 小生的鼓舞下，開始從事舞廳工作，而 J 小生則一邊演戲，一邊跟五姊投資台南第一間 T-bar「沙漠妖姬」。

> Plum 進去當帶班那年我好像是二十五歲吧，我就跟我姊姊投資一間 T-bar——沙漠妖姬，台南第一間 T-bar 就是沙漠妖姬。（筆者：跟哪個姊姊一起投資？）跟我五姊，就開一間沙漠妖姬，生意也是非常好，結果申請牌照沒通過，消防沒通過牌照就沒過。因為生意好，還有一些黑社會角頭，很大的嗬，還進來要跟我們吃錢，做啥做啥的……都遇到這些困難就是了，白道也好，黑道也好，都遇到很多困難，因為生意好啊，後來經營沒多久，這間店雖然有賺錢，但是經營沒多久就結束了，所以有時候會覺得說我們演歌仔戲的要經營店很不簡單。〔註36〕

〔註35〕 受訪者：J 小生。時間：2008 年 4 月 5 日 14：00～17：30。地點：台南樂活515 餐廳。

〔註36〕 受訪者：J 小生。時間：2009 年 6 月 6 日下午 14：45～16：45。地點：J 小生家客廳。

「沙漠妖姬」雖然很賺錢，但是很快便又結束營業。那時 J 小生看 Plum 在舞廳頗為賺錢，於是已賣掉兩棟房子的 J 小生，為徹底解決經濟問題，也跟著去做舞廳帶班的工作。不過兩人因同行而產生競爭，鬧得不太愉快。

> 另外，她去做帶班後就變得很愛玩，就開始花心，就開始拉不住了，
> 像是脫了韁的野馬。加上工作上的爭執，兩個人就經常吵架，就說
> 不然兩個人都不要做帶班。我無所謂，因為我有別種工作，我就說：
> 「好啊，不然不要做。」講好之後，我跟她去辦公室要跟老闆請辭，
> 說好兩個人都不做了。當我講完走出辦公室後，她不知道怎麼跟老
> 闆說的，等她走出來時，她說她要繼續留下來做。我覺得自己像是
> 被踢出來，像是被耍白癡，但是因為我愛她，所以就想盡各種辦法
> 去包容她，但是那時就已經抓她抓不住。兩個人的感情就變得不好
> 了，那時我就回去演歌仔戲，演歌仔戲的情緒是抱著幫忙的心態，
> 幫我爸完成他的夢想，沒有什麼賺錢的心態。〔註37〕

舞廳是個燈紅酒綠的花花世界，帥氣又有些花心的 Plum 在裡頭很吃香，她會去挑逗別的女孩，也禁不起他人的挑逗；而 J 小生同樣以亮眼的外型受到男男女女的注目，為此兩人經常吵架，吵到後來兩人都受不了了，就決定辭去舞廳的工作。誰知 Plum 使了詐，在 J 小生請辭之後，她卻選擇繼續留在舞廳帶班。J 小生十分錯愕且傷心，但因念著彼此多年的感情，她接受這個結果，再回到戲班演戲，並又自組舞蹈團。

> 沙漠妖姬沒做後，我就組一個舞蹈團，在晚會表演，還不錯，造成
> 轟動，多少賺一點錢，不過也還好啦，可以過。舞蹈團 Plum 有參加，
> 我五姊也參加，加上小 C、我，還有兩個男孩子，後來發現請舞蹈
> 團的開銷有困難，而且一堆人做衣服啦，啥啦，薪水都會讓人頭痛，
> 所以我就才裁員，留我和小 C 做兩人組的，做了一、兩年，效果也
> 很好，多少有賺錢，那時候就戲班有戲就回去演，沒戲就做這個舞
> 蹈團。〔註38〕

〔註37〕 受訪者：J 小生。時間：2008 年 4 月 5 日 14：00～17：30。地點：台南樂活 515 餐廳。

〔註38〕 受訪者：J 小生。時間：2009 年 6 月 6 日下午 14：45～16：45。地點：J 小生家客廳。

小 C 原是 J 小生朋友的一個姪女，因借住在 J 小生家而認識她五姊，剛開始小 C 叫她們阿姨，然後有一天 J 小生的五姊與小 C 喝醉酒而有了親密關係，從此 J 小生的五姊便從異性戀轉向雙性戀，與小 C 談起一段分分合合的戀情。而 J 小生自己也是與 Plum 數度分開又復合。

> 我沒有交過男朋友，我第一個就是這個女生的朋友，就跟她交往了七、八年，這中間她就開始……人都會愛玩嘛，她的心就比較向外，兩個人的爭執也是很多，吃醋啦，或是有男生想追我，或是有別的 T 想跟我認識什麼的，她就吃醋，我們就吵架，很會吵。一開始在一起兩人都很好，慢慢就變得很會吵，吵到最後感情就會產生變化。是雙方面的，是她先起變化，感情就產生問題，後來就分分合合，分分合合時，有很多男生想追我，我也嘗試過找一個比較穩定的人，但是發覺穩定的人都娶老婆了。然後有次我去給人家算命，算命師跟我說：「妳是細姨命！」應該是真的，因為追我的都是有婦之夫，比較有經濟基礎的，因為那時我的經濟狀況就不錯，所以我也一定會看有經濟基礎的。而有經濟基礎的都已經娶妻了，我又怕，我不想背負那個罪名。（筆者問：大概是幾歲去算命的？）那時應該是二十幾歲，那時還跟 Plum 在一起，只是在一起很久了，兩個就有很多爭執，吃醋啦，一些有的沒的。〔註39〕

兩人經常爭吵，幾度分分合合，在與 Plum 分開時，J 小生曾動過跟男生交往的念頭，她想發展一段穩定的感情，但當時她看得上眼的人都是已經結婚的男子，所以也就不了了之。加上有次她去算命，算命師斷定她的命格屬於「細姨命」，也就是說只要結婚的話，她就只能當人家的小老婆。J 小生檢驗她過往的經驗，覺得算命師的話應該不假，那時正是她事業最輝煌的時候，她有錢有貌，有幾棟房子與車子，在經濟上能與她匹配的男子，都是有婦之夫，因此她又斷了跟男生交往的想法，而 Plum 只要動之以情，分開的兩人便很快又在一起。

〔註39〕受訪者：J 小生。時間：2008 年 4 月 5 日 14：00～17：30。地點：台南樂活 515 餐廳。

第四節　峰迴路轉的人生旅途

一、迷惘情感

　　在二十五歲與 Plum 分開的六個月那段時間，小祐開始對 J 小生表示愛意，但 J 小生對小她兩歲的 T 小祐沒有特別情感，小祐並沒有因此退卻，只是默默陪在 J 小生的身旁，與此同時，一位老 T 也對 J 小生展開追求攻勢，送鑽石企圖打動芳心。

> 以前也有個女生，也是 T，她經濟不錯，她想追我，也追了一陣日子，追我追不到，不知道為什麼就轉而追求我姊姊。她年紀比較大，我都叫她老 T，比較大的 T 都比較大出手，比如說剛認識就送我一顆鑽石，大約四五十分，應該要五萬元，那時我不跟她拿，又覺得對不起這顆鑽石，（J 小生大笑）要跟她拿又覺得怪怪的，不過都有講清楚，她就是想追我，我就是拒絕她。那段日子我跟 Plum 分開，（筆者問：那時是幾歲？）二十五歲那年，我們有分開六個月，分開六個月後又在一起，真正是孽緣。我跟她分開，很多人追我，也都是 T 啦，如果是男生就都是有老婆的，很糟啦。〔註40〕

如同對待其他追求者，J 小生也拒絕了老 T 的追求，只是戲班戲箱〔註41〕贈金、贈銀的習性讓 J 小生沒有拒絕老 T 物質上的餽贈，而老 T 在灑了銀兩依舊無法擄獲芳心的情況下，轉而追求 J 小生的大姊。

　　J 小生的大姊年輕時就與同性的女生談戀愛，後來又走入婚姻，婚姻觸礁後又選擇與女生交往，幾度遊走於同性與異性的戀情中。老 T 的追求，讓 J 小生的大姊心生異樣，難免對老 T 之前的愛戀對象產生糾結情緒，因此姊妹倆的情誼暫時出現波動，不過 J 小生並沒有特別的感覺，因為老 T 不曾進入她的內心，當時會讓她亂了心緒的除了 Plum，就是 E 小生。

　　與 E 小生的相識是源於茉莉。某次 J 小生在趕往做場的途中，無意間發現茉莉所屬的歌仔戲劇團在演出，於是 J 小生停車觀看演出，恰巧看到劇團的當家小生兼團長出台。那一瞬間，她驚異極了，她不知道在歌仔戲逐漸沒落

〔註40〕受訪者：J 小生。時間：2008 年 4 月 5 日 14：00～17：30。地點：台南樂活515 餐廳。

〔註41〕戲箱是指以金錢或物質資助歌仔戲演員的戲迷，其重要性一如裝演員所有行當的戲籠，而為與戲籠有所區別，所以以戲箱名之。

的年代還有這樣出色亮眼的小生，從此就記住了 E 小生，並透過朋友邀請 E 小生吃飯，兩個人開始有了交集。

　　Plum 知道 J 小生很欣賞 E 小生，奇特的是愛吃醋的她沒有對 J 小生每晚睡前親吻 E 小生的名片有異議（E 小生的名片上面有她的劇照）。J 小生認為是當時 Plum 與茉莉一直暗中有聯繫，加上她表現出來的坦蕩欣賞態度，讓 Plum 反而沒有明顯的反彈。不過 J 小生應該是在下意識裡對 E 小生產生微妙的情愫，只是她自己不自覺而已，認為那只是欣賞。

> 我跟 E 小生認識在先，她對我有那個 feeling，我對她沒有那個 feeling，是完全欣賞的那種心態，我覺得她這個人不錯，很斯文，有禮貌又文質彬彬，是我喜歡的類型。（筆者說：妳應該是自己不自覺吧？妳的行為動作……）對啦，我是對她……不過重點是我很清楚啊，我身邊有人我不會去做不對的事，我很忠貞。〔註42〕

或許 J 小生也不是沒有意識到自己對 E 小生特別的感覺，但如她自己所言，忠貞的她縱使發現自己的情愫，在她身旁還有伴的情況下，也不可能做出超越禮節的越軌舉動，但當時她的三姊卻挺鼓勵她與 E 小生交往，甚至從中幫忙牽線傳話，最後卻變成 E 小生與她三姊成為一對。

　　J 小生不知道為什麼會變成這樣，而她自己也無話可說，因為她與 Plum 分開又復合，沒有立場去爭取什麼。而在與 Plum 復合之前，那時 J 小生再度進舞廳工作，她特意讓自己的打扮變得中性，又常自介為「小哥」，所以她旗下的小姐或是其他朋友，便把她當成 T 那般愛慕著，甚至朋友會起鬨要她去追求一個她挺欣賞的女孩子。

> 我不只一個女孩子喜歡，是很多女孩子喜歡。（筆者：不是啦，是妳喜歡的啦）我喜歡的喔？沒有啦，人家那是很單純的，（J 小生笑）那也不是什麼喜歡啦，我就覺得她很可愛。（筆者問：那時妳幾歲？）好像二十六歲吧，跟 Plum 分開是二十五歲，有一段日子我都是剪短頭髮，其實不是為了她，為了失戀剪短頭髮，是自己的造型。可能我平常就滿中性了，加上剪短頭髮，看起來更加中性，大家一看就覺得應該是 T 吧。我留長髮人家也認為我是 T，很奇怪，可能我比較會「虧」，在那種店一定會「虧」吧，怎樣「虧」呢？我若看到漂

〔註42〕受訪者：J 小生。時間：2008 年 4 月 5 日 14：00～17：30。地點：台南樂活 515 餐廳。

亮妹妹，就會說：「來，美女來喝一下。」人家一定會哈啦九百，女孩子若是比較空虛的，她就會跟我說幾句。那個女孩子非常單純，不是喜歡啦，是欣賞啦，那是那個女孩子很單純，在保齡球館，很可愛，我都會去逗她，她就很不好意思，她越不好意思，我越喜歡跟她玩。大家就起鬨啊，都當作我要追她啊，朋友就會起鬨，就這樣而已。我覺得那個女孩子真的不錯，我若是真的 T，我一定會追她。（筆者說：妳不是說妳的心態會更傾向男性化嗎？）不會，我這個人想比較多，我想若是我追她，我就一定要照顧她，我若要追妳，我就要有那個責任心，我要保護妳，我要照顧妳。但是我已經很累，亂七八糟了，我不想要照顧人，只想被照顧。（J 小生笑）那時沒想那麼多啦，我心裡是想說她很可愛，又很多人起鬨說：「追她追她」，我怕人家女孩子單純，我若不是認真的，是玩玩的，若放下她，她若想不開……〔註43〕

在舞廳當帶班，職場的工作環境讓 J 小生產生某種遊戲心態，她喜歡跟女孩子「打情罵俏」，無關乎情愛，只是「工作」＋「苦悶」＋「某種天性」使然。

後來 J 小生與 Plum 復合，這讓要求完美的她心生矛盾，她似乎無法真正原諒 Plum，因而出現叛逆的行為。

在二十五歲那時我們曾分開一段時間，後來又在一起，那時候我就開始叛逆了。那時我四姊婚姻不美滿，她先生很會交女朋友，我五姊那時在上班，就比較有 Friday 可以去。我們就故意跟她去 Friday 玩，Plum 也有去，算是我們很會玩，都有玩過。〔註44〕

基於某種內心的不滿與矛盾，J 小生開始跟兩位姊姊出入 Friday，幾位情場失意的女子學人家在此尋樂解悶。面對「失而復得」的 Plum，J 小生並不開懷，並且故意在 Plum 面前放縱自己，盡情與 Friday 裡的牛郎共舞。

Plum 就很容易吃醋，會覺得我都跟 Friday 的男生在跳舞，兩個人就很會吵架。其實我那時的心態，我也是有一點想說要來交一個 Friday，要交一個男人，跟一個男人睡覺，然後再跟 Plum 分手，讓她很氣我，跟我分手。結果這個願望沒有達成，因為這樣我們兩個

〔註43〕受訪者：J 小生。時間：2008 年 4 月 5 日 14：00〜17：30。地點：台南樂活515 餐廳。

〔註44〕受訪者：J 小生。時間：2009 年 10 月 13 日 18：00〜20：00。地點：台北市八德路四段怡客咖啡。

就很會吵，這就是我們兩個的引爆點。她就都會說我都跑去 Friday
想看男人，要愛男人。我說：「那也贏過妳愛交女人，女人還愛交女
人！」我以前都會罵她說她是女人又愛跟女人交往，我無法接受她
跟戲班人交往，所以她跟茉莉是姻緣，也是我們的孽緣。〔註45〕

Plum 與茉莉的糾纏，讓曾警告過 Plum 不論如何都不許與戲班人傳緋聞的 J
小生難以諒解，因為身為戲班人的 J 小生太熟知這個環境的狹小與是非之多。
J 小生自尊心很強，加上她又是戲班人，所以她不希望自己成為這個圈子的八
卦之一。無奈 Plum 最終還是遇上茉莉，開啟一段尋找「真愛」之旅，幾度徘
徊在 J 小生與茉莉之間，讓 J 小生益發難以承受，所以當 Plum 與 J 小生復合
之後，並不是幸福的開端，而是孽緣的開始。

　　J 小生既愛又恨 Plum，因為有愛，所以她無法拒絕 Plum；因為有恨，所
以她故意挑釁 Plum。她不只是想讓 Plum 心生醋意，甚至要以自身為試驗品，
嘗試和男子發生關係，好讓 Plum 自動放棄她。J 小生沒有達到她的目的，因
為她很難真的接受男子親密的碰觸，不過卻成功激起 Plum 的醋意，也讓她們
的關係更加複雜與難解。

> 　　老 T 以金錢、鑽石企圖打動芳心，J 小生雖無意於她，不過依舊會接受老
> T 的鑽石，就是因為 J 小生把鑽石視為「賞金」，演員被貼賞，拿賞金在這個
> 圈子是很稀鬆平常的事，這是屬於這個文化的一部份。

二、遠走日本

　　大約是在 J 小生二十七歲左右，她的母親身體狀況逐漸穩定，但 J 小生的
感情世界卻亂成一團。

後來經過幾年，我媽媽身體好些了，我跟 Plum 卻亂得很，精神上受
到很大的折磨，我很想跟她分開，不過又一直藕斷絲連，我又心軟，
後來才下定決心去日本唱歌。〔註46〕

〔註45〕受訪者：J 小生。時間：2009 年 10 月 13 日 18：00～20：00。地點：台北市
　　　　八德路四段怡客咖啡。

〔註46〕受訪者：J 小生。時間：2008 年 4 月 5 日 14：00～17：30。地點：台南樂活
　　　　515 餐廳。

不只是與 Plum 的藕斷絲連讓她困擾，E 小生與她的曖昧感情也讓她遭受很大的壓力，一來她自知不該對不起她的三姊，二來她又難以抗拒 E 小生對她的邀約，讓她不知怎樣才好。

> 有一次她打來，問我說：「我可以叫妳寶貝嗎？」我說：「隨便妳啊。」我那時候比較低調。後來我想說這樣不行，她追的如此勤，通電話通成這樣，我怕繼續下去我也會沈淪，那我就對不起 Plum，對不起三姊，我才會決心去日本。想說看能不能脫離，結果沒辦法脫離，去日本也是在想著對方，她想我，我也想她。〔註47〕

此時有人安排 J 小生去日本唱歌發展，所以 J 小生便決定展翅高飛，遠離感情是非與糾葛，但人雖遠離，心依舊牽掛著伊人。

> 那時候去日本也是一樣，去日本時我們聯繫更頻繁，她真的比較有心，那時我還沒有很有心。Plum 又很變態，有一次她到我家演戲，我家有辦桌，Plum 也有去，她就打電話給我說：「現在妳偶像在唱歌了，妳聽妳聽！」其實她回去看到茉莉也是很高興，但是我不要這樣去想，我不去想壞的，我這個人風度很好，我要氣要氣身旁的人，我不會去怪別的女生怎麼樣，所以就聽她的歌，聽得很開心。
>
> Plum 去日本找我一次，有拍照，她拿 E 小生演猴子的照片給我，我也是每天要睡覺前就拿出來看看，再收回去。反正就是有一個情愫在，那都是緣分吧。〔註48〕

在日本的這段時間，是 J 小生最悠閒清靜的歲月，每天只唱四首歌，大約是在晚間八點左右，於大飯店的秀場表演。J 小生記得每天秀場有四個表演活動，一是外國秀，二是臺灣五人組的合唱團，三是魔術秀，四就是她個人的演唱。有時客人比較少時，就會移到飯店的酒吧表演，甚至若沒客人，不用演唱的 J 小生也能領薪。J 小生還記得七月是淡季，她整個月都不用演唱，而飯店不但薪水照付——每個月三十五萬的日幣（當時折合台幣約 94,500 元），還招待她們去迪斯奈玩，福利相當不錯。

　　晚上唱四首歌，整個白天 J 小生就跟在日本認識的一對夫妻學廚藝、編織一些東西，生活愜意又自在，就這樣維持了一期半年。

〔註47〕 受訪者：J 小生。時間：2008 年 4 月 5 日 14：00～17：30。地點：台南樂活 515 餐廳。

〔註48〕 受訪者：J 小生。時間：2008 年 4 月 5 日 14：00～17：30。地點：台南樂活 515 餐廳。

三、聽母言接掌劇團

在日本的工作與生活步調悠閒舒緩，每個月又能有八萬多的收入（經紀公司收去一成），所以 J 小生很喜歡那兒的生活。原本打算繼續簽約留在日本，而這樣的決定因她母親的一席話而放棄。

> 我媽媽一聽就在那邊哭，我就捨不得，她說：「妳爸爸那麼多歲了，妳不回來幫他，又沒人幫他。」我是在猶豫，這麼多年了，我常常回去幫一點幫一點，等於自己的工作也無法去完成，說坦白的，（戲班）也已經沒賺錢很久了，我就跟她說我想繼續在國外。她跟我說：「妳聽媽媽說一回，妳回來幫忙妳爸爸經營。」（筆者問：那時候妳爸爸自己掌團嗎？）我爸爸自己在掌團，（筆者問：上次妳不是說是你二姊在幫忙掌團？）我姊姊是幫忙處理「場」，不是掌團。最早是我們六個姊妹共同經營，可是我姊姊她們一人一個個性，就吵架，亂七八糟的這樣子。後來我跟我姊幫忙處理一陣子的團務，幫忙整理、換戲齣等等，真正掌權、收入賺錢的不是我，就是這樣子，真的是回去幫忙那種性質。這次我媽媽叫我去經營就真的是我掌權。〔註49〕

J 小生因有兩個月的空檔而返台，她的母親以為她不走了，結果聽到 J 小生要繼續簽約，便流淚挽留，以情動之。J 小生一看母親傷心哭泣，心腸便軟下，她記得算命師曾提醒她要遠離家園才能賺錢，也知道自家劇團早已沒法有優渥的營收，但她禁不住中風的母親低聲勸留，她的良心過不去，所以便留在台灣接掌自家劇團。

> 其實我會來接團就已經開始在走下坡了，我回來接團就是錯誤的開始，因為在這麼長的一段歲月裡……我以前曾給人算過命，走越遠我會賺越多，我只要接近家就會一直走下坡，會一直沒錢水，運會不好。那時我也沒辦法啊，我媽媽中風，我去日本我已經覺得良心十分不安。〔註50〕

如同一開始 J 小生便知道的事實，此時接掌劇團不可能賺錢，果真在實際接管後，J 小生發現她不但每次演出得給父親兩千元，先前父親和人簽約，對方所

〔註49〕 受訪者：J 小生。時間：2009 年 6 月 6 日下午 14：45～16：45。地點：J 小生家客廳。

〔註50〕 受訪者：J 小生。時間：2009 年 6 月 6 日下午 14：45～16：45。地點：J 小生家客廳。

給的戲金（即訂金）父親早已收走，不可能退還給她，加上每個月固定給父母的三萬元開銷、家裡的水電、父母的紅白包等等都由她支付，難怪她的姊姊們不想接掌戲班，寧願到演出機會多的劇團去當演員。另外還有一件令 J 小生心裡不平衡的事——父母所住的房子是二姊的名字，而最初那棟房子原是用姊妹的名字共同購買的，所以 J 小生也出了一筆錢。後來父親把房子過戶給二姊，不僅讓 J 小生的投資付之流水，而這棟房子的水電維修等開銷也由 J 小生負責，父親的偏心讓她有點難過。

> （筆者問：那時候你二姊在自己戲班嗎？）沒有，她那時候就在 E 小生的劇團，因為她們每個人都會為了自己的路著想。E 小生的戲路多，自家劇團的戲路少，她出來又不用那麼累，她可以有朋友有什麼的。我爸爸住的房子我還要付水電，電話，我爸爸的紅包、白包也都是我支付，所以光是這樣的開銷就要多少？〔註51〕

雖是如此，J 小生是個很有企圖心、事業心的女子，她既然接管了劇團，她就要把它經營到最好，所以她開始投資，跟政府單位申請演出公演機會，舉辦研習營，又租了一棟房子，樓下經營歌仔戲茶園〔註52〕，二、三樓裝潢成教室與辦公室，又買電腦，四樓則由自家人居住。

> 我那段日子的開銷每個月要二十七萬，我不知道我怎樣熬過來的，我只要翻到以前的帳本，我拿給小天看，我們都在那兒搖頭，都不知道那時候怎麼走過來的，難怪我會有一身負債，那邊開銷、茶園的開銷，茶園固定請兩個女孩，還有那棟房子兩萬五的開銷，租一間房子兩萬五的開銷，（筆者問：你不是還有房子沒賣掉？怎麼不住自己的屋子？）還沒賣掉，可是我沒辦法這樣跑來跑去啊，那太累了，所以阿蓮那棟房子買來就丟在那兒，因為我回去住那房子就不想出來，出來就不想回去。〔註53〕

〔註51〕受訪者：J 小生。時間：2008 年 4 月 5 日 14：00～17：30。地點：台南樂活 515 餐廳。

〔註52〕J 小生所創辦的歌仔戲茶園，結合歌仔戲藝術與飲食經營，茶園內部以歌仔戲劇照、布景等做擺設，搭配歌仔戲影音欣賞，兩位店員穿著類似鳳仙裝的制服，販賣各式充滿「古意」風味名稱的「戲班飯」、麵等等，顧客可點一般性飲料，也能在裡頭泡茶品茗。茶園不定時舉辦歌仔戲講座，曾邀請學者蒞臨演講，J 小生的父親也常在裡頭拉琴。

〔註53〕受訪者：J 小生。時間：2008 年 4 月 5 日 14：00～17：30。地點：台南樂活 515 餐廳。

　　一年多的時間，J 小生把自家劇團經營得有聲有色，小天、小祐此時也幫著 J 小生經營劇團。重新的整頓與投資讓劇團獲選為高雄扶植團隊，但就在此時，她的父親心又熱了，眼看 J 小生把劇團撐起來了，變得很有發展性了，習慣掌權的他便有點捨不得了。

> 　　後來我回來經營一年多的劇團，我爸爸就又開始想這個想那個，他說他想再「整」一個團，不然事業現在是我的了，小弟沒事業啊。說我小弟沒事業啊，這個團原本是要留給他的……我媽媽也非常生氣，罵我爸爸。我跟我媽媽說：「媽，你不要跟爸說了，長輩高興就好了。要再『整』一團，乾脆團他拿回去。」話就是說明的，（筆者問：為什麼會這樣？）還是他要掌權啦，放不下。所以團他就收回去，團他收回去後，我沒事業，又投資了一堆錢，那時候做小公演、大型公演啦，都要很多錢，都要先投注很多錢，有的補助根本還沒進來，有的補助根本不夠支付樂師的錢，所以那時候就開始背負債了，又沒劇團了，想說這樣也不是辦法，就又進去舞廳。

　　父親不好言明要收回劇團，他以再「整」一個團為理由，好讓 J 小生的弟弟有事業經營，因為原本自家劇團是要留給小弟的。J 小生明白了，她不要母親為此事替她出聲爭取，父親的言行傷透了她的心，她為這個家為這個劇團捨棄日本歌唱事業，並且投進龐大的金錢，但父親在劇團正準備賺錢時，又要把團收回去，她能說什麼？一身的債務讓她不得不再度進入舞廳工作。

　　除非是戲路很好的歌仔戲劇團，不然光靠演出薪資，演員很難維持家計，因此許多演員會兼任其他工作，或是自己學做頭飾、戲服，來賺取一些額外收入。因為這樣的狀況，助長了戲箱資助演員，尤其是坤生的賞金風氣。（對於戲箱而言，賞金既是用來資助演員，也是一種對演員欣賞的表達，所以歌仔戲輝煌的內台時期賞金風氣尤盛。）J 小生回自家劇團演出期間，她也經營過咖啡店、T-bar、舞團，或是到舞廳上班。

四、混亂的生活

　　在返台的這一年多，二十九歲的 J 小生為家裡為劇團花光所有積蓄，並且開始負債，而她與 Plum 的感情也鬧得正兇。

我的積蓄都透支了，也是這樣背，背到後來我爸爸這樣說時，我無話可說，只能說好，整個團就讓我爸收回去，就變成他們去運作，那時我就變成一無所有。感情也正在亂，吵到昏天暗地，我正在拚事業時，Plum 一直跟我亂，我越好她越亂，我不好她也亂，就是這樣，所以那時我感覺很灰心。我弟弟又變態，那時他又吃藥，又砸我的店，為了要招我跟會，我跟他說我不要跟，他可能不高興，就砸我的店，就一切亂糟糟，感情亂，事業也亂，什麼都亂。

不只是劇團沒了、小弟砸她的茶園，連 Plum 也變得異常奇怪，而有幾回為了還債繳款，J 小生還曾典當過車子，借過高利貸。

那時候是真的開銷很重，那時演歌仔戲還可以先收一些戲金，先拿去周轉，然後沒劇團了，等於沒錢可以活用。有一次就是我大姊有一陣會我要收，已經說好了，又沒給我收，為了收會還跟我起口角，她錢收起來自己拿去花，結果我得給人家錢，我沒錢，只好去借高利貸。那高利貸好像是十天一期那種，那真的是高利貸。比方說妳跟他借五萬，十天一期要還多少啊？五千還是多少啊？反正就是高利貸，正港（真正）的高利貸。還有曾經拿車去當鋪當，當鋪那是十分的，反正那時就都這樣子，算是生活得也很痛苦，但是那都是周轉一下，不是長期的，比方說先過腳過去……〔註54〕

生活大起大落，J 小生曾在很短的時間內聚積不少財富，也在不算長的歲月中耗盡資產，讓她產生某種荒謬感，又看著被收回去的劇團在傳統的父親手中再度沒落，心中真是百感交集。

當我爸把團收回去之後也經營的不好，因為我爸年紀大了，團就是一定要創新，要調整要怎樣的，要買很多東西，要花費很多精神。那時我沒再參與經營，我就背負債務，那時我媽又生病，我就去舞廳當帶班，因為舞廳可以借班底，我需要錢，我就去舞廳借班底。我在舞廳好像借了六十萬的班底，舞廳會看，他會看妳的實力，妳的實力若不錯，妳有客人，妳有小姐，他就會借妳錢……不過我很幸運的就是我的客緣不錯，客人也很疼我，做得就不錯。〔註55〕

〔註54〕 受訪者：J 小生。時間：2009 年 10 月 13 日 18：00～20：00。地點：台北市八德路四段怡客咖啡。

〔註55〕 受訪者：J 小生。時間：2008 年 4 月 5 日 14：00～17：30。地點：台南樂活515 餐廳。

為了生活，為了還債，J 小生跟舞廳借了六十萬，當時舞廳的董事很喜歡 J 小生，也為此 Plum 跟她鬧得不可開交。

> 我們下班了，董仔請一些幹部去 KTV 吃東西，順便講一些事情，講到太晚，妳知道她有多離譜！她脫我的衣服，檢查我的身體，企圖找出我跟他人不軌的證據，而且又壓我，說：「妳董仔有對妳這樣？這樣嗎？」而且又是在一樓茶園，那是開店的地方，雖然已經沒人了，人都住在二樓，但那不是房間啊，她怎麼可以那麼變態？她又很有力氣，我鬥不過她，我在那兒喊樓上的人下來救我，沒有人敢下來，因為認為那是我們兩個人的事情。小天也知道啊，硬是親我，問我董仔有沒有這樣親我，有沒有這樣掐我……無藥可救了，有很多東西是無法講的，妳是我比較親的朋友，像小天跟我比較親，看我跟她，對她太了解了，可以說而已。她下班回來，臉頰、脖子都是吻痕，我姊問我這樣還受得了？我說不然怎麼辦？她是這樣虐待，後來想一想，妳只不過是一個女生，妳是一個女生，我也是一個女生，為什麼妳要做到這樣？為什麼我要跟妳走到這個地步？為什麼妳要這樣糟蹋我？她不認為她糟蹋我，她在外面也敢說她對我很體貼，我還說她胡亂交女友，她又沒有。「我又不曾亂交女友，也不會花心……」她甚麼話都說得出來，正反面的話都能說，這我又不敢對外說，對外說會被笑死吧，人家會說為什麼妳交個女友交到對妳如此變態？她的脖子被吻成那樣，妳要原諒她那也是妳的問題。〔註56〕

小天是 J 小生少女時代就認識的朋友，兩人感情很好，她陪伴著 J 小生這樣一路走過來，當 J 小生去做帶班時，她就是她旗下的小姐，當時還有圓圓也是 J 小生旗下的小姐，兩人看著 J 小生與 Plum 剪不斷理還亂的感情，竟也跟著陷下去，紛紛對 J 小生表示愛意。

> 其實那段日子我也荒唐過，我所謂的荒唐就是那段日子。我董仔也在追我，還有一個已婚的也想追我，但是他們都有老婆了。那時圓圓也在愛我，小天也在愛我，變成她們輕浮我不可以輕浮。我就一個人回阿蓮，很寂寞很空虛，那時候董仔若說：「某某，出來吃飯，

〔註56〕受訪者：J 小生。時間：2008 年 4 月 5 日 14：00～17：30。地點：台南樂活515 餐廳。

還是唱歌。」我就跟他出去，快天亮才回家睡，睡她就不會煩我了，
變成這樣。那段日子 E 小生跟我三姊也很會吵架，她說她們交往兩
年後就變得經常吵架。〔註57〕

E 小生跟 J 小生的三姊吵，Plum 也跟 J 小生吵，甚至還打架，驚動了 J 小生的
母親。J 小生想在母親面前維持形象，不想讓母親擔心，但 Plum 當時打紅了
眼，不肯停手，這是 J 小生最後一次跟她爭吵，對 Plum 她徹底死心了。

將香拿起來，祈求神明讓她主動離開我。她還變態到我在靜坐、拜
拜，都不讓我坐，硬是拉我，不讓我靜坐，說：「妳以為靜坐就有效？」
硬拉我，我是一邊靜坐眼淚一邊掉，想說她怎麼變成這樣？變成如
此折磨？〔註58〕

Plum 許多失常的言行、花心的舉動讓 J 小生痛苦、傷心不已，偏偏 J 小生的
心又很軟，她想離開 Plum，又捨不得 Plum 為她痛苦，所以她才拿香祈求神明
讓 Plum 主動離開她，她不要 Plum 一個交過一個，卻又把她綁得死死的，不
願放開她。

小天說她小時候就覺得自己比較喜歡女孩子，長大後又發現周遭人一個
個都懷孕了，男生又不負責任，所以更加肯定自己不喜歡跟男生交往，這點
想法跟 J 小生是相似的。有趣的是小天是 T 認同，但她卻曾在 J 小生的說服下，
到舞廳穿裙子當舞小姐，她說 J 小生就是有那個魅力吧，讓人不自覺地就聽她
的話。不過現在的小天是抵死不穿裙子。性別角色的扮演或許不是那麼隨意
的，但也不是永遠固定不變的。

五、母親過世

在 J 小生三十歲的那年，她再度與 Plum 分手，分手後 Plum 曾再約她一
起吃飯，並希望 J 小生能再給予她機會。

後來我們兩個分開，那八個月，她曾約我去吃飯，我也跟她去吃飯，

〔註57〕 受訪者：J 小生。時間：2009 年 6 月 6 日下午 14：45～16：45。地點：J 小生
家客廳。
〔註58〕 受訪者：J 小生。時間：2009 年 6 月 6 日下午 14：45～16：45。地點：J 小生
家客廳。

她說：「J 小生，妳要原諒我，我知道我以前很變態，我知道我很不好，妳要等我，妳不要跟別人交往，我會變好。我會改變我的個性，以後若已較好過，我會重新來追妳，我會讓妳看到一個不一樣的自己。」我說：「好，只要妳改變，我會等妳。」妳看我那時候有夠……很單純，我不敢交別人，我擔心我交別人她會很痛苦很傷心，結果她交了無數個，都不擔心我會怎麼樣！不過當下我就是希望她改變，我不去交別人，我不要讓她痛苦，就這樣而已，很簡單的理由，我就不讓別人追，那時候她也知道 E 小生在追我，她也說妳怎樣……我說：「不會就是不會，我若要變就是會變，我會跟妳說我們沒緣份了，我對她印象不錯，我會坦白說。」〔註 59〕

不過 J 小生沒機會再跟 Plum 說那些話，因為她們分手後的翌年四月，J 小生的母親再度入院。

後來我媽媽生病，我上班上到清晨四五點下班，下班就開著車去長庚，去陪我媽媽，陪她到下午四五點，再從高雄長庚開到台南，洗完澡後躺下來睡，睡到八、九點，起來衣服換一換、妝畫一畫又去上班，差不多這樣一個月。她住院後曾出院一次，那次我載她回阿蓮，我在照顧，我一天花兩千元請我大姊到阿蓮照顧我媽媽，照顧了兩、三天，她開始血尿，我就又送她到長庚，那時我又回台南上班，很累。〔註 60〕

五月的時候，J 小生的母親陷入彌留狀況。

我媽媽沒有拖很久，那時我跟舞廳說要請一個禮拜的假，他問我為什麼，我說我媽媽狀況不太好了，我想陪陪她，舞廳的總經理本來不讓我請假，我說：「你若不讓我請假，那我想辭職。」很玄唷，因為有天我睡醒就忽然不想上班，一直哭一直哭，心裡就想陪我媽媽，就是這樣，所以我到舞廳去請假，我說：「我想多陪陪我媽媽，你若不讓我請假，我想我就不做了，這筆錢我再想辦法來處理。」結果董事長很疼我，總經理跟他說明後，他馬上說：「人家母親在生病……」馬上讓我請假，他讓我請假那天，我就馬上去長庚找我媽

〔註 59〕　受訪者：J 小生。時間：2009 年 6 月 6 日下午 14：45～16：45。地點：J 小生家客廳。

〔註 60〕　受訪者：J 小生。時間：2008 年 4 月 5 日 14：00～17：30。地點：台南樂活515 餐廳。

媽⋯⋯，回到台南上班後，她在長庚住了兩三天，以前就曾住過，
出院又第二次進去，第二次進去，我硬請假請成功後，我就趕到高
雄，那天我媽媽的臉色就全不一樣了，我才兩天沒去看她，她臉色
就全不一樣了，就是反形啦，整個都是黑的。我幫她擦臉，她起來
讓我擦臉，我就摟著她，她很困難地擠出一句話：「我要回去！」我
說：「媽媽妳要回家？」她說：「我要回去！」她已經四肢無力，講
不出話來，我就說：「好，我帶妳回家。」我爸爸他們剛看完她回去
而已，我趕緊跑去跟我爸爸說：「爸、爸，媽媽說要回家，我答應要
帶她回家。」我爸爸還非常好，他說：「好。」然後就讓救護車送她
回家，他們就去叫阿婆幫她穿衣服，我們心裡都捨不得，我想她還
活著啊，為什麼那麼快就幫她穿衣服（壽衣）？我媽媽就在等，在
等她姊姊跟小弟，就是我大姨跟舅舅，他們要從台東趕來看她。就
在樓下幫她換衣服，我幫她擦身體時，她還一直流眼淚，我說：「媽，
妳不可以哭⋯⋯」那時候的我不知道為什麼出奇的堅強，我很少掉
眼淚，我說：「媽，妳不可哭，我們幫妳是應該的，妳不要哭，不要
捨不得，要好好走，我會幫妳擦乾淨，穿得美美的，幫妳擦香水⋯⋯」
她很喜歡明星花露水的香味。幫她整頓好後，她依舊奄奄一息，尚
未走，那幾天我就在家等，剛好請那個禮拜的假就發生這些事。親
戚姑姑、舅舅、姊姊都回來後，我在樓上睡覺，那時師姐給我一串
水晶一百零八顆，我把它掛在我媽媽的手上，我跟她說：「媽，妳現
在要學唸佛唷⋯⋯」忽然夢見我媽媽爬起來，她手裡拿著一串佛珠，
有兩位神明像是尼姑在接她⋯⋯我就彈起來，心裡想說媽媽時間到
了，那時候我很敏感。在那段心情不好的日子，我會打坐、拜拜、
行宮、問神⋯⋯因為運氣壞，不順，就去問神，逼自己唸佛、聽心
經、靜坐，那都是勉強的。〔註61〕

摯愛的母親往生了，最痛的事都過了，所以當 J 小生得知 Plum 正式跟茉莉交
往之後，她也只是靜靜地流下淚，接著便徹底放下這位與她相戀、糾纏了十
四年的情人。

　　因為那時我媽不在了，什麼事情對我來說都已經不是太嚴重的事

〔註61〕 受訪者：J 小生。時間：2008 年 4 月 5 日 14：00～17：30。地點：台南樂活
515 餐廳。

> 了。那時跟 Plum 亂到那樣，分開被她糟蹋成那個樣子，被她氣到那
> 樣的時候，到我媽媽不在的那一剎那，我才知道她那是小 case，沒
> 有什麼事比我失去我的親人更痛苦，她的事我不再痛苦了。〔註62〕

將自己封閉起來一段時間後，J 小生又回到舞廳上班，只是那生活似乎變得更加索然無味。

> 在我媽媽不在（指過世）的那段時間，帶班的生活我原本就不喜歡，
> 因為要應付客人，要應付小姐，有時候要跟客人去應酬去吃飯，有
> 時候跟小姐也要哈啦，我又是個有憂鬱症的人，我不喜歡哈啦，反
> 正我去帶班好像台上在演戲，演那個媽媽桑，對小姐是一個樣，對
> 客人又是另一個樣，那種地方不可能跟他們交心做朋友，一定是哈
> 拉九百的，就是這樣。〔註63〕

工作像是在演戲，她扮演著媽媽桑的角色，雖無奈但因為欠老闆錢所以得堅持下去，而 E 小生這時會去捧她的場子。

> 何謂表演？舞台上的扮裝演出是表演，日常生活裡的角色扮演在某個程
> 度上也是表演，就像 J 小生她明顯地感受到自己在舞廳帶班就是一種表演。

六、信用破產，情海掙扎

　　母親過世後，J 小生對於很多事都提不起勁來，甚至放任她最愛的房子被法拍。當然，一開始她並沒打算讓法院把房子給拍賣，但是阿蓮的房子一直賣不出去，當初為了裝潢這棟房子，J 小生投入重金，後來房地產大跌，這棟價值不斐的房子更難賣出去。

> 妳知道那棟房子我那時裝潢，光是一盞水晶燈就十三萬，我也是買
> 下去，一組床具組二十八萬我也是花去下。〔註64〕

除了難賣的問題之外，J 小生自我放棄的心態，也是房子被法拍的重要原因。

> 我那時候也有一點墮落，很像要把自己毀掉。真的啊，我心裡想說

〔註62〕 受訪者：J 小生。時間：2008 年 4 月 5 日 14：00～17：30。地點：台南樂活
　　　　515 餐廳。
〔註63〕 受訪者：J 小生。時間：2008 年 4 月 5 日 14：00～17：30。地點：台南樂活
　　　　515 餐廳。
〔註64〕 受訪者：J 小生。時間：2009 年 10 月 13 日 18：00～20：00。地點：台北市
　　　　八德路四段怡客咖啡。

> 既然我好，你們對我都那麼嫉妒，說我都很囂掰（有炫耀、神氣、
> 姿態很高之意），說我怎樣怎樣，都是那些刺激啊。我很在意我家的
> 姊妹妳知道嗎？她們越是這樣講，我就越難過，因為我不是這樣啊，
> 我不要被誤會，所以那段日子我就很想把自己毀掉。想說：好，既
> 然我已經這麼糟了，那我就把自己變成一無所有，然後我就整理東
> 西，辦好護照，跑到日本，就此消失好了。真的心態是這樣，所以
> 我的房子才被查封，拍賣。〔註65〕

至親的別世，讓 J 小生陷入生命低潮，也勾起姊妹間不堪回首的過往，曾經她
因為擁有姊姊所沒有的財富而引起妒忌，現在依舊擁有象徵財富的房子對她
而言是種嘲諷，因為她雖還擁有它，但也背負了不少債務，與其如此，她就
讓自己真的一無所有，然後收拾行李，再度遠赴日本算了。

J 小生沒有走成功，因為 E 小生知道 Plum 跟茉莉交往後，她便更常與 J
小生聯繫，而這也導致 E 小生自己的感情生變。

> 我媽媽不在（過世）之後，公司的生意也不好了，帶班一個個跑了，
> 只剩下我最死忠，我沒有跑，因為我有欠錢我不能跑。那陣子 E 小
> 生跟我聯繫得比較勤，那時會跟她聯繫比較多是因為我姊姊跟她經
> 常吵架，為了我的事，兩個人經常吵，為了沒有的事一直亂，對我
> 也很糟蹋……那時我有一點叛逆，心態上有一點叛逆，加上 E 小生
> 她很殷勤，心態的叛逆就是認為姊姊一直糟蹋我，我就不尊重妳，
> 我就舞給妳……所以我媽不在之後，我們就很常聯絡，我三姊經常
> 跟她說一些非事實的話，我就跟 E 小生說事實不是如此，是怎樣怎
> 樣……以前我都替她掩蓋，後來都爆開。〔註66〕

原本就很欣賞彼此的 J 小生與 E 小生，哪禁得起密切接觸後所產生的浮動心
思？某次 E 小生演完台北的民戲，打電話給 J 小生，問她可以接她嗎？

> 她從台北回來前打電話給我，說：「我要從台北回去，妳有空來載我
> 嗎？」其實她是要找機會跟我出去，我當然是有空啊，那時很閒啊。
> 我說：「好啊，我去載妳。」載到她後，我問她要去哪裡，要回中華

〔註65〕 受訪者：J 小生。時間：2009 年 10 月 13 日 18：00～20：00。地點：台北市
八德路四段怡客咖啡。

〔註66〕 受訪者：J 小生。時間：2008 年 4 月 5 日 14：00～17：30。地點：台南樂活
515 餐廳。

路還是要去哪兒？她說我不回去中華路，看妳想把我載到哪兒去。
（聽到此，筆者忍不住笑出來，J 小生也是大笑）她在跟我示意啦，
我就開著車，清晨四、五點很累妳知道嗎？我就台南市一直繞一直
繞，不知要載她去哪裡，因為我不敢，我不敢載她去 HOTEL，我沒
那麼有膽量啦，我沒那麼 OPEN，結果載她繞了一圈又一圈，繞到
她變臉，我最後跟她說：「我載妳回去好了。」她翻臉，語氣冷冷地
說：「隨便妳。」（J 小生笑）她變臉，我載她到她家樓下，她上樓
我跟她說再見。每次跟她說到這，她都很生氣，（筆者跟著 J 小生笑，
並問她為什麼如此不解風情）她都說：「妳為什麼不說？」她自己也
羞澀啊，她羞澀我也羞澀，我們兩個都很羞澀，她還沒跟我姊分手
啊，兩個要當成什麼？但是彼此都有感覺就是了。〔註67〕

就如 J 小生所言，E 小生是在找機會讓兩人相聚，但同樣羞澀的兩人，也只能
單純地如電話裡所說的做到「接送」而已，但彼此心裡都知道再這樣下去，
肯定會一發不可收拾，於是 J 小生企圖抓住另一個浮木好讓自己擺脫「第三者」
的罪名。

其實那個時候我認識一個男生，他已經結婚了，他一直想追我，要
我當他的小老婆，幫他生個兒子，就要給我多少等等。我曾想過跟
他交往，因為我為了跳脫 E 小生這個漩渦，我真的想跟那個男生交
往，可能是因為我也快把持不住吧，所以我一直想找個浮木讓我浮
上去。或者把自己投到一個洞裡面去，不要浮出檯面，因為這樣我
就不用跟 E 小生交往，就不會有個罪名。結果就是緣分啦，我下定
決心讓他追，可是這個男生一直無法讓我有感覺。〔註68〕

有點病急亂投醫的味道，但也可感受出 J 小生的掙扎與壓力，不過最終發現那
只是白費力氣。情感的事外人很難看清，情感的事當事人很難抗拒，幾度拉
扯，兩人還是在一起了。當時 J 小生上班的舞廳關門了，她的姊姊又提議合夥
開店，所以 J 小生再度投資 T-bar，而十一月五日開幕的隔天，也是 E 小生回
復單身的日子。

我跟我姊無聊，又說要開店，每個人出十幾萬，雖然那時候還負債，

〔註67〕受訪者：J 小生。時間：2009 年 6 月 6 日下午 14：45～16：45。地點：J 小生
家客廳。
〔註68〕受訪者：J 小生。時間：2008 年 4 月 5 日 14：00～17：30。地點：台南樂活
515 餐廳。

但拿出個十幾萬來是可以的，我就說要開店好啊，每個人就拿十幾萬出來。就很巧合，開幕那一天，我讓自己比較放縱，開幕那天 E小生帶整班的人來捧場，就我三姊沒來。那時候有很多人在追我，有一些不錯的 T，不過我就是對她印象好，就是不想讓別人亂追，或許也會想說要挑一個比她好的，就那個感覺吧，所以就不想讓人家追……那時她想跟我姊姊分手，但還沒分手。那天我們兩個都喝了酒，然後就出去，但是我們並沒有在一起，結果我姊姊以為我們在一起，就四處找我們，到我住的地方，四處去找，但都沒找到我們。後來我姊姊逼問 E小生，E小生很古意，就承認我們有在聯繫，就坦白跟她說，我姊姊就很生氣，一氣之下就跟 E小生分手，就出去了。〔註69〕

E小生回復單身之後，很自然便跟 J小生在一起，而 J小生也開始在 E小生的劇團演出小生的角色，慢慢地她也擁有不少戲迷。

七、適應新關係、新環境

跟 E小生交往後，並不是從此過著幸福快樂的日子，人生不是童話，總是如月般有圓有缺。

（一）與家人的衝突

J小生跟 E小生在一起後，第一個出聲指責她的就是她很疼愛的弟弟。

我跟 E小生在一起，最痛苦的就是面對我的家人，面對 E小生環境的所有朋友，還有重新……我覺得真的時間可以解決很多事情。剛開始在一起時，我家人就是我弟弟不諒解，其實我的姊姊比較沒有感覺，我大姊她們原本就覺得 E小生跟我有天一定會在一起，她跟我交往很正常。她們很早之前就說老三這樣，早晚一定會被拋棄，因為最早她們在交往時，三姊都沒改變，還變本加厲，越驕傲，可能是日子好過了吧。其實好過應該要收斂，我所謂的收斂是指在待人處事，我覺得她不應該被前男友搞到那樣卑微，忽然間轉好之後，整個氣焰就高漲，這樣子比較不理想。那時我家姊妹是沒有人跟我

〔註69〕 受訪者：J小生。時間：2008年4月5日14：00～17：30。地點：台南樂活515餐廳。

> 說什麼，只有我弟弟最嚴重，我弟弟就強烈地討厭 E 小生，討厭我，因爲我三姊將他洗腦。我小弟那時在 E 小生的劇團打鼓，E 小生跟三姊未分手時，他是在劇團打鼓。E 小生跟我交往後，他就不待劇團了，就出班了，就回我家自己的劇團。在一起之後，很多人就怪怪的，因爲我弟弟不諒解 E 小生，又氣我，就都怪怪的。〔註70〕

J 小生的家人，就屬她自小最疼的弟弟對她最無法釋懷，無法諒解她與 E 小生交往的行爲，他以實際行動——出班來抗議，給予曾經很關照很疼愛他的 E 小生和 J 小生重重一擊。至於其餘姊妹倒是沒有多說什麼，甚至她們早預料到這一天；而三姊自是很難原諒她。

> 有一次遇到我三姊，她就是很討厭我啊，反正會碰面的場合，她就是都對我「洗面」啊，比方說，我叫她：「三姊」。她就說：「叫什麼！」怎樣跟怎樣，會擲回來。還有一次，剛好我的車子送去修理，我就開 E 小生一台舊的 BMW 回去林園，她就跟我嗆聲，說我現在是故意開那台車回來炫耀的嗎！就都有這些狀況，所以有她的場面，我就都不出現，因爲她說爆炸就爆炸，會丟顏面，有時還有外人在那兒，我不堪那種刺激，所以我都會避免。我姊姊都會跟我說：「老三在喔！老三有回來唷！」她在我就不會回去，變成這樣子。還有一次在台北，遇到我三姊，她說要潑我鹽酸。（笑）那時台北還有一些朋友在現場，她說要潑我鹽酸。我姊姊跟我說：我害她害得慘，我在砍她的「特仔尾」〔註71〕，妳聽的懂嗎？（筆者：妳好像有說過。）
>
> 砍她的「特仔尾」就是指搶她的長期飯票，斷她的後路，原本她有一個長期飯票，因爲我的介入，害她沒有一個長期的飯票。其實我也會很難過，所以一開始她有困難時，她也會打電話給 E 小生，E 小生有問我要借錢給三姊嗎，我說妳若做得到就幫忙她啊，就借她了，但是她沒有還。後來又要借，我就說：「妳自己看著辦，我總不能永遠跟妳說要妳拿錢借她吧！」〔註72〕

三姊是否至今都尚未化去怨懟？J 小生無法肯定，因爲之後她們幾乎就不再碰

〔註70〕 受訪者：J 小生。時間：2009 年 10 月 13 日 18：00～20：00。地點：台北市八德路四段怡客咖啡。

〔註71〕 「特仔尾」指當年簽賭大家樂的大獎，幾個號碼的尾數相同稱特仔尾。

〔註72〕 受訪者：J 小生。時間：2009 年 10 月 13 日 18：00～20：00。地點：台北市八德路四段怡客咖啡。

面了，J 小生會避開可能引發衝突的場面，她說這樣的距離產生，自己也是主因之一。

> 有一點距離的原因，我現在自己分析起來，會覺得是我自己不好意思，不敢回去面對也有啦。〔註73〕

三姊的不諒解在情理之中，但五姊因利益衝突而口不擇言的指責，曾深深傷害了彼此，尤其在所有姊妹中，J 小生與她五姊是最親最無話不談的。

> 後來還有一次就是我五姊啊，為了房子的事，跟我說，意思是說如果跟我一樣，她就不會艱苦，意思是說我去拐別人，說我最敢啦，如果她像我一樣敢，她也會很好過。我就很氣啊，我說：「我現在有很好過嗎？為什麼妳這樣說？好像我去誘拐她還是什麼的。」也曾因為這樣爭執不開心啦。〔註74〕

當初買阿蓮那棟房子，五姊是保證人，所以當房子一直賣不出去，J 小生便出手續費，要她五姊趕緊過戶，她知道早晚法院會查封她的房子。

> 其實要賣我自己都有心理準備，我很早就跟她們說，妳趕緊去過戶給別人，因為我有打算讓房子被查封，因為 Plum 還有借一百萬走，這二胎的，阿蓮這棟房子還有這個二胎的，我不想背負這麼重的包袱，我每個月繳房款就要繳二萬五。Plum 又借二胎的，那時我又跟她分開了，我就想都放手吧，結果我姊姊去過戶，好像經過……不知道幾年啦，她又跑去過戶過回來啦。她要辦過戶的錢是我幫她支付的，因為是我叫她去辦過戶嘛，那筆手續費好像三、四萬吧，是我花的。結果她要過戶過回來也沒跟我說，結果她的房子被銀行查封，她是保證人，所以銀行找她，結果她才跟打電話跟我說，那時我就很生氣。那時房子好像六年就沒事了，結果她不知道是四年還是五年才被查到，我就抓狂了，我說：「妳就忍耐一下，六年過去案件就消掉了」，但是現在有沒有我不知道。為了她，我去銀行溝通，那時我是想都清一清，我不要拖累到別人。銀行說全清要還三四百萬，還要利息什麼的。後來我想這樣不對啊，我房子被查封、拍賣才多少錢，我現在又得拿錢出來，那我有錢我就存著就好，何必要來繳這些？妳聽懂嗎？利息賺那麼多，然後就為了這個跟我姊姊吵

〔註73〕受訪者：J 小生。時間：2009 年 10 月 13 日 18：00～20：00。地點：台北市八德路四段怡客咖啡。

〔註74〕受訪者：J 小生。時間：2009 年 10 月 13 日 18：00～20：00。地點：台北市八德路四段怡客咖啡。

架……我說：「妳如果不要過戶回來是不是就沒事了？互相體諒一下
嘛，我現在不好過。」我那時一直在還負債。她跟我說：「妳會不好
過？我若像妳這樣，我早就富有了。」刺激我，意思說我最敢，她
的意思是說我佔自己姊妹的朋友，現在好過了，就怎樣怎樣，就是
說這種話。我被她氣到多久都不跟她說話妳知道嗎？我五姊就自己
煩惱了，我們好像有半年沒講話，她每次喝了酒就哭，說我不理她
什麼的，後來有人說和，但那時我不想原諒她，因為我覺得妳跟我
最親近，妳也最了解這個事情的狀況，又不是我執意去搶三姊的朋
友，妳是最清楚的，妳就不該這樣說……跟 E 小生在一起有很長一
段日子很不平靜。〔註75〕

為了房子被拍賣的事情，擔任保證人的五姊受到牽連，心急的她未經思索便
將傷人的話擲出，斥責 J 小生只為自己想，連姊姊的情人都敢佔為己有，還有
什麼不敢做的？那次 J 小生既生氣又傷心，有半年之久都不肯跟她五姊說話，
她那頭腦簡單又率直的五姊也難過了，喝了酒就掉淚。當然現在兩姊妹又和
好如初了，J 小生又恢復以往疼愛五姊的樣子，甚至在她五姊失戀時，擔憂她
的狀況，便把她接來同住，早晚關照著她。筆者見識過 J 小生對五姊的疼愛之
情，她只要見五姊面露難過之色，便十分不捨，會想盡辦法讓她重展笑顏。
就如 J 小生所言，她覺得自己比較像是姊姊，五姊反倒像個妹妹，她會不自覺
去關照疼愛她。

（二）與 E 小生親人、朋友的關係

感情的經營不只在於相戀的兩人，兩人各自所屬的原生家庭也需經營照
顧。J 小生有很長一段時間也是飽受 E 小生家人的質疑，懷疑她的人品，猜測
她與 E 小生在一起的動機和目的。

一開始她家人也是一樣，她媽媽，她姊姊也是會用異樣的眼光看我，
到現在也是一樣。不過她媽媽現在比較不會表現出來，剛開始會表
現，後來知道我對她也不錯，過年過節，或是什麼啦，我都會包紅
包，不會比她的孩子做的少，漸漸她感受得到，就比較尊重我。〔註76〕

經過長時間的相處後，J 小生才逐漸獲得 E 小生母親的認同與尊重，她對長者

〔註75〕　受訪者：J 小生。時間：2009 年 10 月 13 日 18：00～20：00。地點：台北市
　　　　　八德路四段怡客咖啡。

〔註76〕　受訪者：J 小生。時間：2009 年 10 月 13 日 18：00～20：00。地點：台北市
　　　　　八德路四段怡客咖啡。

的恭敬與周到禮數，終於讓她等到雲開見月的平和時光。至於她與 E 小生的戲箱、朋友〔註77〕的互動，也是先經歷備受睥睨的眼光挑戰。

> 她台北的朋友也不是很理想啦，有時候也很看不起我，想說我跟我三姊應該差不多，又聽說我比三姊更厲害，應該更會拐吧。事實就不是這樣（笑），我只是外表看起來很厲害，其實我是很單純的一個人。日久見人心啊，不然以前她的朋友也會裝得很「囂拚」，我還會想說：妳是什麼身份？這能得罪嗎？就會恭恭敬敬，現在就一目了然了，知道什麼朋友階級到哪兒，現在就比較自在了，比較沒壓力了。不然剛開始她要我去台北，我都不想耶，很痛苦啊，因為她環境周遭啊！還有她一個朋友曾經跟我說：「要跟 E 小生交往，都要先經過我們這一關，我若叫 E 小生交那個她就交那個，叫她拋棄那個，她就把那個拋棄。」這樣耶！她的朋友當著我的面這樣跟我說。還有一次慧慧她們是最沒水準的，她們的品質沒到那兒，有一次五姊去慧慧那兒，她把五姊當成我，以睥睨的眼光看她……〔註78〕

E 小生的劇團有一部份的戲路在台北，重要的戲箱朋友也是台北人，關於這些「衣食父母」般的朋友，J 小生自然不敢輕易得罪，而對方也仗著自己是 E 小生重要的「朋友」而在言語上、態度上輕侮慢待 J 小生。筆者印象很深刻的一次，就是數年前與 E 小生閒聊時聊到她的朋友對 J 小生輕慢的態度，那次 E 小生講到掉淚，她覺得自己讓 J 小生受不少委屈，而又無法改變這樣的狀況，因而傷心落淚。不過經過八年的歲月洗禮，那些戲箱朋友也慢慢轉變對 J 小生的看法，知道 J 小生不僅在感情上是 E 小生的精神支柱，在團務與公關應對方面，J 小生更是劇團不可或缺的左右手，而且 J 小生待人又很謙恭有禮，所以逐漸獲得公允的對待。

（三）與 E 小生的互動

J 小生自認欠了 E 小生一份情，因為 E 小生代她還清向舞廳借貸的金額，不過 J 小生並沒有自此落得無債一身輕，她還是有些債務與貸款尚在慢慢繳納中。

> 我後來帶班沒去做，不是要還人家錢嗎？那時是 E 小生幫我的忙。

〔註77〕 關於戲箱朋友的問題，在本論文第五章「歌仔戲坤生文化」中會進一步做探討。

〔註78〕 受訪者：J 小生。時間：2009 年 10 月 13 日 18：00～20：00。地點：台北市八德路四段怡客咖啡。

> 那時我們在一起了，她跟我說：「妳不要再去舞廳當帶班了。」因爲
> 我以前在舞廳當帶班時，她曾去捧我的場，所以她知道那個地方很
> 複雜，她的人佔有慾又很強，她會覺得妳現在是我的人，我不要讓
> 妳去做那種工作，跟別人安撫或是什麼的，所以她就抓狂，（笑）所
> 以她就幫我的忙。那時我跟她說：「沒辦法，我目前沒那筆錢，我也
> 是需要繼續做。」她就幫我的忙，先拿一筆錢幫我清，我就不用去
> 當帶班了，我就全心全意幫她的工作。〔註79〕

與 E 小生在一起後，她便不再到舞廳上班了，因爲 E 小生不希望她身處在那
燈紅酒綠的複雜環境裡，所以才代她還清舞廳借貸，爲此 J 小生心存感謝，所
以她盡自己能力所及幫著 E 小生經營劇團，演出、講戲、改編劇目、寫劇本、
導戲、做公關。

> 這幾年來我也是有我的負擔跟負債，三十一歲那年我還有兩、三百
> 萬的負債，我就一方面幫她演歌仔戲，一方面……剛開始演歌仔戲
> 時她有拿薪水給我，現在就沒有了，因爲剛開始她知道我沒工作，
> 後來我有在做場、跟會，就這樣慢慢還債。這五年慢慢把債務還清，
> 就比較輕鬆了，就存一點錢，跟會，買房子。現在開始又得存錢了，
> （筆者笑，J 小生也跟著笑）都已經揮霍完了，就得開始存錢。〔註80〕

一開始 J 小生演戲有領薪，後來因爲她開始接秀場的主持工作，所以有一陣子
是義務幫忙演出，也就是 2008 年 J 小生受訪時的情形。不過現在因爲演出與
秀場主持工作時間有時會相衝突，J 小生經常得捨去主持收入幫忙演出，所以
E 小生又開始支付她演出薪水，尤其在 J 小生貸款買了自己的房子、車子後，
她需要有穩定的收入來繳款，更得「親兄弟明算帳」。

　　其實 J 小生也有自己的劇團，這個劇團是在她二十八歲時接掌家族劇團
後，爲了向不同地區申請公演而申請的，所以只是空有牌照，沒布景沒行頭。
若要運作演出，便得四處調人、跟 E 小生借布景道具，若兩人的戲路分開就
沒事，檔期若衝突，肯定也會有利益衝突。

　　我劇團沒動的原因就是我沒本錢，我不想把本錢又砸下去買歌仔戲

〔註79〕 受訪者：J 小生。時間：2008 年 4 月 5 日 14：00～17：30。地點：台南樂活
　　　　515 餐廳。

〔註80〕 受訪者：J 小生。時間：2008 年 4 月 5 日 14：00～17：30。地點：台南樂活
　　　　515 餐廳。

> 的東西，在那邊等一個月有幾天的演出機會，不想要囤本了。而且
> 我現在又經營自己的劇團，會跟 E 小生衝突，會有很大的衝突，因
> 爲剛開始我的劇團都有在運作，有錄音的，也有肉聲的，多少都有
> 在運作，兩年前還有在運作。兩年後的這段期間，我就都沒在動了，
> 因爲我們兩個曾爲了戲路，也不算是戲路，就是我的團要演，她的
> 團也要演，她又拆兩團，她的東西都借我嘛，她又拆兩團，那就得
> 分，所以我們兩個曾經起爭執，不高興。〔註81〕

爲了 J 小生自己劇團有演出，E 小生的劇團又剛好「拆棚」〔註82〕演出，導致
演出所需的道具布景、燈光音響等等難以分配，兩人曾鬧過不愉快，於是不
喜歡開口求人的 J 小生便大大減少自己劇團的演出機會。不過現在 E 小生的
劇團因爲戲路不錯，有時甚至得拆三團演出，那就反過來需要 J 小生的牌樓與
人脈關係，所以目前兩人又重新調整出新的合作關係。

　　回首來時路，J 小生不勝欷噓，她知道有些人對她不會諒解，也知道自己
永遠得背負某些罪名，但她覺得現在的生活很平靜，就如當初算命師所言的
那般。

> 我去給人家算命時，他說我從二十八歲開始走下坡，到三十一歲才
> 會開始好轉。他說我的感情在二十五歲以前所交往的，不管是丈夫
> 也好、男朋友也好，絕對一定分開的，一定沒有結果的，三十一歲
> 交的最好，合我的年歲。他說我三十一歲會慢慢好轉，慢慢好轉後，
> 我跟你說我是怎樣好，好不好？我的好就是因爲我媽媽不在之後，
> 我的肩膀開始輕鬆，輕鬆之後我就沒做我爸爸的團，因爲我沒有再
> 負擔這個重擔，我走出來後，才慢慢變好。我走出來後就爲自己打
> 算了，我以前不是啊，整個精神都在這邊，做這個做那個，包括整
> 個家庭的付出都是要我，我就很累。〔註83〕

母親的過世對 J 小生而言是人生的轉捩點，她失去最親最愛之人，但同時也卸

〔註81〕受訪者：J 小生。時間：2008 年 4 月 5 日 14：00～17：30。地點：台南樂活
　　　　515 餐廳。

〔註82〕拆棚，指戲班遇到大日時，常會有兩個以上的戲約，劇團就會將演員分成兩
　　　　組，於不同地方演出，人手若不足便調人演出。通常會拆棚演出的戲班，都
　　　　有兩副以上的道具布景、燈光音響、牌樓等等。

〔註83〕受訪者：J 小生。時間：2008 年 4 月 5 日 14：00～17：30。地點：台南樂活
　　　　515 餐廳。

下沈重的家庭負荷，目前她與 E 小生平穩地度過第八個年頭，未來她說就還是順其自然。

　　以上是 J 小生她充滿戲劇性的人生經歷，有她很個人的生命歷程，也有歌仔戲圈普遍的生活形態，從她充滿戲劇性的人生經歷中，「人生如戲」的說法徹底被經驗，這樣的個案有助於我們檢視表演與性別、台上與台下身份角色交錯替換的現象，間接證實「人生」就如一場「戲」，而且兩者是會相互影響的，如同戲劇語言不只出現在舞台的角色扮演裡，真實人生也經常使用「圓場」、「收場」、「下台」等戲劇表演概念語彙。接著下一章節便從 J 小生的性別認同開始談起，逐步拓展到其他坤生。

第三章　性／別界線的模糊與跨越

　　自十九世紀以來，女性主義與性／別研究取得大量的研究成果，「性」、「性別」、「性慾特質」等概念的討論與爭辯至今依然熱絡，不同的論調與界說容易令人迷失在浩瀚的研究論述中。本章從性別研究的角度，觀照 J 小生的生命歷程，以及在她生命中出現的重要人物對傳統性／別界線的跨越現象，並依據田調結果整理出幾種性／別越界現象，及造成此性／別及其背後的可能原因。

第一節　何謂性／別

　　在進入本章主題探索之前，首先必須對所謂「性」與「性別」，做一簡單的說明與界定。

一、天生、先驗的性／別？

　　所謂的「性」（sex），在解剖學與生理學上所指的是一種自然而然的屬性，是天生的、先驗的，其意義包含有性別（男性、女性）、情色、性慾、性行為、性感等等。而「性別」簡單來說，就是指生物層面含有第一性徵的性染色體（XX 與 XY）、生殖腺（卵巢、睪丸）、內外生殖器，與第二性徵（乳房、月經、體毛等）的女性或男性。

　　上述的性與性別是大眾論述中能被普遍接納與理解的定義，也就是科學研究的普遍定義，不過在現今學術研究中，這樣的定義飽受挑戰與質疑。早期女性主義者，將「性別」從「性」中抽離出來，主張「性」雖如解剖學和生理學所定義的那般，屬於天生的，但「性別」不該只是從生理學的角度來

論說〔註1〕，最明顯的就是在社會文化層面，或者是心理層面，外在的生理性別並不一定能代表內在的心理性別。

當性別被質疑為非本質論，是由社會文化所建構出來的，人們便開始去反思一些現象，例如「紙尿褲」。Pepper Schwartz, Virginia Rutter《性之性別》說：

> 當一個嬰孩一來到這個世界時，它就會立刻接收到性別與性慾取向上的各種資訊。例如在美國，女嬰的紙尿褲會以粉紅色裝飾，男嬰的則用藍色。如果在嬰兒出生的第一年中，人們還不確定是否要以男性化或女性化的方式對待嬰兒，紙尿褲已為他們作出指示。這背後所潛藏的假設是，女嬰的確不同於男嬰，並且此不同應該被展示出來。這種不同的對待方式會持續於整個生命過程中，因此一種出生時的生物性差異（sex difference）會擴大成為人們成年時的社會性別差異（gender difference）。〔註2〕

簡單來說，男性／女性，男性特質／女性特質是社會文化所建構、教育出來的，一個嬰兒從一出生，在他還沒有自主權之前，他早已浸淫在充滿性別二元對立的環境裡，早就因他生理性別的屬於男性或女性而被教育或期待該擁有陽剛或陰柔特質，其關係如下表二所列：

表二：傳統性／別觀

生理性別	女	男
性別認同	女性	男性
社會性別	陰柔特質	陽剛特質
性慾傾向	男	女

在表二中只看到兩種性別——男、女，且是以身體性徵做為分類的基準，這樣的分類摒除了某些人，例如雌雄同體的人。柯采新（Cheshire Calhoun）在《同女出走》書中說：

> 安諾‧戴維森（Arnold Davidson）就曾指出，在中世紀的時候，一般認為雌雄同體的人是沒有性別的。因為他們的生物事實被認為不具決定性，所以雌雄同體的人出生時會被指定一個性別，然後等到

〔註1〕 艾莉斯‧馬利雍‧楊（Iris Marion Young）著、何定照譯：《像女孩那樣丟球：論女性身體經驗》（台北市：商周出版）2007年1月，頁19。

〔註2〕 Pepper Schwartz, Virginia Rutter 著、陳素秋譯：《性之性別》（永和市：韋伯文化國際出版有限公司），2004年1月，頁5。

他結婚的時候，他就可以選擇一個身體性別。相對的，「到了十八世紀、進入十九世紀的時候，所有<u>顯然是雌雄同體的人都被當作假性的雌雄同體</u>」，他們真正的性別，將依其內生殖器的構造而決定。〔註3〕（底線為筆者所加）

多數的人顯然可以依身體性徵構造而被區分為男女兩性，但少數無法納入這個男女二元體系的人該怎麼辦？他們不該受到歧視、排擠的不是嗎？席林（Chris Shilling）就反對社會生物學根基於性差異（sex difference）而提出的性別二分法：

> 在青春期，個體主要與次要性慾特質（sexual characteristic）的發展，也反映出由 XX 或 XY 等基因類型所控制的荷爾蒙變化。不過，性慾特質也可能受到環境因素的影響，例如營養與壓力。此外，個體的基因構成不是排他性地被區分成 XX 與 XY，而是隨著其他基因的多樣化存在而排列的……各種既定的基因類型與荷爾蒙狀態，是用來描繪個體之特徵的，它不可能把所有的人完全、正確地歸類到男性或女性這兩個具限制性的類目之中。事實上，卡普蘭與羅傑斯認為，沒有任何一個生物現象，可以被井然有序地組織到「非男即女」這種兩極的二分法中，他們斷言「僵硬刻板的、只能二選一的（either/or）性別指派方式，不過是一種方便省事的社會建構，而非生物真實」〔註4〕

因性差異而建構出男性、女性的性別二分法無法將所有人納入其中，那是因為分類標準——性差異有問題？還是類別——男性、女性有問題？柯采新認為：

> 不管不同的文化對於男性與女性身份的界定是多麼的近似，那都不是出於性差異的內在本質，而是因為：各種文化都很在乎個人的生殖活動，所以製造出一些文化上的理由，<u>依據生殖構造來界定性差異</u>。〔註5〕（底線為筆者所加）

〔註 3〕柯采新（Cheshire Calhoun）著、張娟芬譯：《同女出走》（台北市：女書文化事業有限公司），1997 年 7 月，頁 28。

〔註 4〕Kathryn Woodward 著、林文琪譯：《認同與差異》（永和市：韋伯文化國際出版有限公司），2006 年 10 月，頁 126～127。

〔註 5〕柯采新（Cheshire Calhoun）著、張娟芬譯：《同女出走》（台北市：女書文化事業有限公司），1997 年 7 月，頁 29。

就是基於「依據生殖構造來界定性差異」的分類法，並且重視生殖活動的理由，所以將性別化約爲男女兩性，並且假定所有人都是異性戀，因而在那樣的模式中，性別認同與慾望對象是相對的，妳的生理性別爲女，那妳就該認同自己的女性性別，該擁有陰柔特質，只能愛戀男性；反之亦然，生理性別爲男，就該認同男性性別，該擁有陽剛特質，只能愛戀女生。但是爲什麼認同對象與慾望對象得相對？柯采新指出同性戀的存在正好推翻此項假設：

> 社會的基本假設是：身體構造的差異，使得男女關係與女女關係有
> 很大的不同，在性慾與社會兩方面都是；也就是說，身體構造的差
> 異決定了一個人會執行男性的功能還是女性的功能。女同性戀的存
> 在恰好證明了這個假設根本是個謊言。同女的雌性（female）身體
> 一點也不礙著她對女人行使男性的功能。她和「男人」這個範疇裡
> 的成員一樣，對女人有性慾與愛意。〔註6〕

不只是女同性戀者，男同性戀者，甚至雙性戀者都挑戰推翻了「認同對象與慾望對象得分開」的「眞理假設」。但是長久以來社會文化的建構，就是將所有人區分成男性與女性，「而且每個人只能跟與他性別相對的人結成配偶，這就是我們建構或處理現實狀態的基本要素，而違反這種模式的人就會被認爲是非自然的、犯罪的。」〔註7〕

二、也屬建構的多元性別觀

雖然長久以來社會文化的建構將所有人區分爲男性與女性，但是如果將時間點往前延伸，會發現在更早之前的人們，沒有「非男即女」的嚴格限定：

> 原初社會通常較願意承認三種性別的存在可能，而不是僅止於兩
> 性；第三性也就是混合的，男女合體的。〔註8〕

在中國遠古的神話傳說裡，也不乏這類的記載，像禹的生父鯀，也可能是生母，因爲禹的出生除了有莘氏女感薏苡而生之說外，又有鯀腹生禹一說。《山海經·海內經》載：「洪水滔天，鯀竊帝之息壤，以堙洪水，不待帝命。帝令

〔註6〕柯采新（Cheshire Calhoun）著、張娟芬譯：《同女出走》（台北市：女書文化事業有限公司），1997年7月，頁61。
〔註7〕理查·波斯納（Richard A. Posner）著、高忠義譯：《性與理性（上）：性史與性理論》（台北市：桂冠圖書股份有限公司），2002年6月，頁24。
〔註8〕理查·波斯納（Richard A. Posner）著、高忠義譯：《性與理性（上）：性史與性理論》（台北市：桂冠圖書股份有限公司），2002年6月，頁24。

祝融殺鯀于羽郊，鯀腹生禹。帝乃命禹卒布土，以定九州。」〔註9〕雌雄同體只是二元性別範疇外的另一種可能，然而在男女二性之外添加第三性，是否就能統攝所有人？艾莉斯・馬利雍・楊（Iris Marion Young）《像女孩那樣丟球：論女性身體經驗》說：

> 每個人都是一具獨特的身體，有其特殊容貌、能力與欲望，而這些與他人在特定方面各有異同。……在理論化這些範疇時，我們不該將它們視為普遍性群體認同，而其加總構成了個體的認同。事實上，個體是在他人行為與期待的社會文化史脈絡中，活出她獨特的身體，而不需要在一串普遍化的「串珠」中，煩惱著該如何構成她的認同。〔註10〕（底線為筆者所加）

不管增添多少性別範疇，要將千千萬萬的人化約分類收編於某幾種範疇中，或許永遠都無法真正做到了無缺憾，因為每個人都是獨特的，但是為了溝通，為了建構認知系統，人們只能永無止盡地不斷將各種人事物「分類」，好進一步研究、探討，建構出時代脈絡的體系，建構出能讓彼此認知了解的系統，性別也是。在不斷建構、解構、再建構的過程裡，人類學家、生物學家、心理學家、精神分析學家、女性主義者、酷兒（queer）理論……努力提出新的立論根基，努力拆解、建構「新」的性別觀，甚至企圖將「性別」二字毀屍滅跡，好一舉殲滅因性別問題引發之難以停歇的論戰。

正因學術研究的蓬勃發展，反而無法建構出一個不受爭議的明確性別概念。要逐一將每個人塞進幾個特定的性別範疇裡，無疑是一樁不可能的任務，總會不小心便讓某個人的頭露出某個範疇，或是讓某個人的腳踢破那太過狹小的分類袋，「越界」變得太容易，也造成新的恐慌和論述危機。張小虹：《慾望新地圖》說：

> 如果對嘉柏（Marjorie Garber）而言，扮裝（cross-dressing）無可避免地會造成「範疇危機」（category crisis）（16），那「越界認同」除了加深「範疇危機」之外，更易引爆「論述危機」（discoursive crisis）：越界不僅模糊錯亂了涇渭分明的範疇，更造成了論述之內與之間各

〔註9〕 （東晉）郭璞注：《山海經》（北京市：華夏出版社），2004年，頁73。（中華道藏第四十八冊）

〔註10〕 艾莉斯・馬利雍・楊（Iris Marion Young）著、何定照譯：《像女孩那樣丟球：論女性身體經驗》（台北市：商周出版）2007年1月，頁27。

種交疊、相斥與衝突：越界啓動了顚覆的想像，也帶來了不定的焦
慮。〔註11〕

性／別問題引發的論辯至今方興未艾，但可以確認的是「異性戀」依舊佔據
著主流位置，男／女兩性、陽剛特質／陰柔特質等二元對立，以及男性要符
合陽剛特質，女性該擁有陰柔特質依舊是標準的準則。不過若依此來檢驗 J
小生，很快便會發現「範疇」嚴重不足之處，無法做一步的探討，爲此納入
在眞實人生中已被某些人普遍認同的概念，如同性戀中的 T、婆範疇。鄭美里
在《女兒圈：臺灣女同志的性別、家庭與圈內生活》一書中說：

> 在臺灣女同性戀圈子裡最典型的性別角色是 T 跟婆，其中 T 的稱謂
> 一般認爲是引用自英文俚語 Tomboy（像男人的女人、男人婆）而有
> 的簡稱……T 的老婆自然就叫婆囉。T 婆從民國五十幾年就很通用
> 了……八〇年代中葉，女同性戀酒吧在台北興起，T 吧變成女同性
> 戀者的重要社交據點後，許多圈內人才又從 T 吧學習到「T 婆」的
> 概念並以此命名，成爲對自身身份的規範性認定。〔註12〕

張娟芬則認爲：

> 所謂的 T，據說是 tomboy 的意思，指比較陽剛的女同志。至於這陽
> 剛是不是「男性化」，爭議還很多。所謂婆，據說是「T 的老婆」的
> 意思，是比較女性化的一方。在網路上，大家爲了書寫的方便，把
> 「婆」簡稱爲 P。所以「TP」就是「T 婆」的意思。〔註13〕

張娟芬以略帶戲謔的筆法述說 T、婆的意思，（她故意用「據說」二字），她的
態度代表的是這樣的分法其實還是頗負爭議。她於一九九八、一九九九年間
透過實際訪問 T、婆當事人，寫成《愛的自由式——女同志故事書》，書中一
再強調，縱使是透過實際訪談所得的眞實資料，但那也不代表所有的女同性
戀都是那個樣子，她希望讀者能清楚知道這是個多元的社會，女同性戀也是
多元的，連同最基本的 T、婆定義也是十分多元的。

> T 婆是女同志社群中的重量級話題，去問十個人可以得到十一種不
> 同的定義，到底怎樣算 T、怎樣算婆，一直沒有一個定論……其實

〔註11〕 張小虹：《慾望新地圖》（台北市：聯合文學出版社有限公司），1996 年 10 月。
〔註12〕 鄭美里：《女兒圈：臺灣女同志的性別、家庭與圈內生活》（台北市：女書文
化事業有限公司），1997 年 3 月，頁 130～131。
〔註13〕 張娟芬：《愛的自由式——女同志故事書》（台北市：時報文化出版企業有限
公司），2005 年 3 月，頁 11。

　　各種不同的「T 婆觀」提出的時候，都有試探、提議、談判、討價

　　還價的意味在裡面，有時候是個人與（女同志）群體的拔河，也有

　　時候是伴侶之間的折衝。〔註 14〕

而且 T 婆分法只是女同身份角色的簡單分法，還有介於兩種角色之間的「不
分」、「不分偏 T」、「不分偏婆」等等。

　　從實際的例子去分析何謂 T，張娟芬的受訪者有的如此形容她的 T 女友：
「她很扮演男性的角色，例如說非常照顧別人，負責接送，堅持付帳……她
也不能忍受人家把她當成男生。」有的透過學習歷程，「『悟』出 T 要比較開
朗、能言善道，會說點笑話，多才多藝。」或者，會耍寶、耍帥、耍花樣，
簡言之，「T 性除了表面上看起來的陽剛之外，還有別的。在心態上，T 性有
很強烈的利他主義，而這是很女性化、很陰柔的……T 的養成與自我訓練，幾
乎百分之九十落在外表風格、追求技巧上，內心還是很女人的──老實說，還
常常是『很小女人』呢。婆也很女人，可是婆的內心卻很『大女人』。」〔註 15〕

　　可以說 T 的外表可能偏向男性，或是中性風格，但她的內心其實還很「女
人」，很會照顧人，有很強的利他主義，不過常人容易確認的往往是外表，所
以「陽剛」特質就被灌在 T 身上，好像是仿異性戀的男性那般，但兩者還是
有根本上的差異，不論在生理性別或是心態分野上。

　　至於婆（英文 Femme）又該如何去定義？或者說內心可能很大女人的婆
又是怎樣被發現的？「在婆的『發現之旅』裡，T 是一個非常關鍵的角色。發
現了 T，然後才發現自己是婆。」〔註 16〕簡單地說，就是當妳發現妳被 T 給
吸引時，妳可能才會醒悟自己是婆，像受訪者 B 小旦一開始也不知道自己是
婆，直到同時有男性和 T 對她展開追求，她發現自己比較喜歡 T，這時她才確
認自己是婆。一般而言，T 比較容易被發現，多數是因為她們中性的外型而容
易被分辨出來，至於婆跟異女（異性戀的女性）很難從外表判斷誰是異女，
誰是同女（同性戀女性），甚至同女與異女也沒有本質上的差異。〔註 17〕

〔註 14〕 張娟芬：《愛的自由式──女同志故事書》（台北市：時報文化出版企業有限
　　　　　公司），2005 年 3 月，頁 11。

〔註 15〕 張娟芬：《愛的自由式──女同志故事書》（台北市：時報文化出版企業有限
　　　　　公司），2005 年 3 月，頁 34、44、39、43。

〔註 16〕 張娟芬：《愛的自由式──女同志故事書》（台北市：時報文化出版企業有限
　　　　　公司），2005 年 3 月，頁 58。

〔註 17〕 「Kristin G. Esterberg 的田野訪談裡，問受訪者說女同性戀跟女異性戀有什麼
　　　　　不同。她希望能夠透過這樣的比較，得知受訪者心目中的女同性戀是什麼。

T、婆的角色分法常引來模仿異性戀的批評，但實際上細究之後，會發現兩者有著某種根本的差異，因為「有時候，小女人心態與 T 模 T 樣竟然是可以並存的，外表與內在不見得有暢通無阻的對應關係。」〔註 18〕有趣的是，女同本身有些為了抗拒模仿異性戀的批評，也會抵制 T、婆分法，而堅稱自己是「不分」，或者連「不分」都不是，只願承認自己是女人，也愛女人。張娟芬：《愛的自由式──女同志故事書》說：

> 人本來就會順著外在環境而有所調適，對不同的人有不同的應對，可是不管外在怎麼變，內心的自己還是同一個……「很帥的那個自己」跟「被一個更帥的女生喜歡的自己」，呵～應該都是一樣的啦！只是願不願意遇 T 則 P，遇 P 則 T 罷了，就像我們甘不甘心於遇到強勢的人，我們以柔順對待之，或是我們要比他更強勢……重點在於「喜歡」吧。〔註 19〕

不分，或者遇 T 則 P，或遇 P 則 T，彰顯的是範疇本身的建構性與可易性。在本文田調的真實經驗裡，也曾遇過一個類似的案例，只不過她非歌仔戲藝人。她曾先後有過兩位男友，異性戀戀情經驗長達十年以上，後來卻在偶然的狀態下喜歡上一位女小生，為此她大量翻閱同性戀情資訊，推論出自己屬於婆，她的戀人是 T，然後某次她的戀人跟她說她是不分，瞬間朋友想大笑，心想自己愛上的竟然是不分。分不分並不影響實際感情的發展，分類只是為了陳述、分析的方便。

除了 T、婆範疇外，當然還有其他的性別範疇，例如男同性戀、酷兒（queer）等等，不過限於本文所探討的對象主要為女小生，或是女歌仔戲藝人，所以只對相關範疇稍做解說。另外，多元的性／別觀不代表就是精確的性／別觀，這也是我們這個時代建構出來的概念，但為了方便討論，本文所謂的「性」、「性別」便以目前一般大眾可理解且接納的語彙意涵來做說明。也就是性／別有它天生無法否認的生理層面，但也有社會文化建構出來的層面，性別、性行為、性慾特質都可能透過學習而被重新塑造。

好玩的是，許多受訪者表示：她們不認為同女與異女有什麼本質上的差異，因為這樣對照，可能會抹消女同性戀的內部差異。因為妳非得假設同性戀『都』怎麼樣，否則就沒辦法拿去跟異性戀比較。」張娟芬：《愛的自由式──女同志故事書》（台北市：時報文化出版企業有限公司），2005 年 3 月，頁 70。

〔註 18〕 張娟芬：《愛的自由式──女同志故事書》（台北市：時報文化出版企業有限公司），2005 年 3 月，頁 54。

〔註 19〕 張娟芬：《愛的自由式──女同志故事書》（台北市：時報文化出版企業有限公司），2005 年 3 月，頁 208。

第二節　J 小生的性／別易動

　　就生理學與解剖學的理論而言，J 小生無疑是一位女性，她本人也絕對不會為此「定論」提出任何質疑，這是因為長久以來的社會文化、教育體制就是如此形塑我們。J 小生雖不會對自己的生理性別產生懷疑，不過她對於自己的心理性別認同卻有幾番轉變。

一、孩提時代的男性性格認同

　　J 小生與多數小女孩不太一樣的地方在於她生長的環境——充滿情色氛圍的新町區，經常可觸及那些打扮新潮的特種營業女子。J 小生說：

> 常常看到，都妝得很漂亮沒錯，但是小時人家都會說那怎樣怎樣，
> 都會閃，看到那個反而會怕，大人會說那是妓女戶的女人，不能去
> 那兒，不然男人會把妳拉走。就都會怕，不敢出出入入。我們住的
> 巷子裡，兩邊都是。〔註20〕

住家巷子的兩邊都是特種營業女子所居住之所，所以自小 J 小生就知道有這麼一類女子，這麼一類工作，大人會告誡她不能接近她們，否則會被男人給拉走。這是多數小女孩所沒有的經驗，J 小生則從小便被灌輸女妓、男客的危險性。

　　除了特殊的妓戶風情，還有特殊的戲班環境。戲班，像是一個大家庭，尤其是團主家，經常會收容一些流動的演員、樂師、戲迷朋友及其家屬。三教九流的人經常在家中出入，J 小生所見所聞自然會比一般家庭的小女孩來得不一樣。多數的人也應該會認同這樣的看法：戲班的小孩比較早熟。李佩穎在其《我們賴以生存的「戲」：試論歌仔戲圈的國家經驗》中曾論及：

> 江湖飯吃四方的特性，使得戲圈同時具有強大的包容性。許多社會
> 邊緣人有困難時，都進入戲班吃「大鍋飯」，因而歌仔戲圈容納了許
> 多人，龍蛇混雜，包括中國戲班的藝人、逃兵、跑路的「兄弟」、流
> 亡者等等，在落魄之時往往能夠在戲班寄居安身。〔註21〕

戲班為生存不得不然的「包容性」，在歌仔戲早期著名武生蕭守梨（1911～1197）所組的「武勝社」、「光劇團」劇團，也能得到映證。蕭守梨說：

〔註20〕受訪者：J 小生。時間：2009 年 10 月 13 日 18：00～20：00。地點：台北市八德路四段怡客咖啡。

〔註21〕李佩穎：《我們賴以生存的「戲」：試論歌仔戲圈的國家經驗》，清華大學社會學研究所碩士論文，2008 年 8 月，頁 28。

> 那時整班（組戲班）不只是經濟問題，而是做人的問題，做人若有
> 信用，要整班，大家都會自動倚（oa4，靠）過來，當時別人的戲班
> 可能三十多人，我的戲班就有七十多人。七十多人中，不全是作戲
> 的，也有黑白的人，那是有交陪的，不用養，不給薪水的，他自己
> 會來，咱有交陪，來我戲班玩，若剛好收票發生問題，他們就會自
> 動幫忙。〔註22〕

上述引文是蕭守梨組「武勝社」（1936～1941）時的人員狀況，而武勝社解散
後，蕭守梨在花蓮又組「光劇團」，當時花蓮有九大流氓，看蕭守梨一行人初
來乍到，便「包」下光劇團，奪其經營權。不過六個月後，蕭守梨以其手腕
及人脈，收服九大流氓，而「這些流氓就沒有收入了啊！後來成為戲班的幫
手，顧門票、做保鑣。」〔註23〕

　　生長在戲班這樣的環境裡，加上父母長年四處演出不在家，造就出 J 小生
堅毅獨立的個性；再者，七歲那年起，她與五姊、小弟跟外婆同住，名義上
是外婆照顧他們的生活起居，不過因為當時她的外婆眼睛、身體狀況都不太
好，而她的五姊在個性上又比較單純天真，所以實質上是由 J 小生在照顧著大
家。環境與個性讓她益發獨立自主與果斷，那時她偶而就會懷疑自己的個性
應該是偏男性吧！「偏男性」這樣的想法根植於傳統社會文化給予的觀念——
——獨立、堅強等陽剛特質是屬於男性的。

　　J 小生自言她本來嚮往想當個男生，也覺得自己擁有陽剛特質，不過當她
發現她的身高停止生長，她便打消當個男生的想法：

> 那是我十四、五歲，正在成長期，那時我就很早熟，我都是短頭髮，
> 穿 AB 褲，都穿我姊姊不要的衣服，很小套，我很小時的概念就是
> 我要當男生。人家說我弟弟是女孩子我是男孩子我就很高興，我是
> 男生耶！讀書都是留短髮，穿球鞋，很像男孩子的型，跟人家打架，
> 就一直想裝成男生啊！到了十四、五歲，發現自己都沒再長大，個
> 子很嬌小，我又跟我姊姊說：「我都沒長高怎麼辦？」乾脆就來轉型，
> 留長頭髮轉型好了，不要再當男生好了，不然我很小時就很想當男
> 生。我這樣也不算是先天的，我算後天的。〔註24〕

〔註22〕 吳紹蜜、王佩迪：《蕭守梨生命史》（臺北市：國立傳統藝術中心籌備處），2000
　　　　 年 6 月，頁 33。

〔註23〕 吳紹蜜、王佩迪：《蕭守梨生命史》（臺北市：國立傳統藝術中心籌備處），2000
　　　　 年 6 月，頁 39～40。

〔註24〕 受訪者：J 小生。時間：2008 年 4 月 5 日 14：00～17：30。地點：台南樂活
　　　　 515 餐廳。

聽到別人說她的弟弟像個女孩子，而她像個男孩子時，J小生便很開心，她渴望自己是男孩而非女孩，不過她也清楚自己是個女孩，所以才希望能「裝」成男生——留短髮，穿球鞋。在她的認知裡，無形中透露出性別是可以透過「裝扮」而達成。而為什麼旁人會如此評價她們姊弟？不難推想而出，J小生從小的表現、言行就比較陽剛氣，而她的弟弟正好相反，所以才會給人如此的感受：

> 他小時候很沒有膽子，怕黑，都不敢一個人去廁所，小時候又很漂亮，臉龐像娃娃，雙眼皮很深，鼻子又挺，小時候就很漂亮；我就像男孩子，都剪很短的頭髮，臉也黑黑的。人家都說我是哥哥他是妹妹，他都跟著我，都拉著我。到他讀國小，我媽媽他們都不在，我帶他去賣藥團，我就帶他去買衣服、剪頭髮，我唱歌時就叫他幫我伴舞，他會跳霹靂舞，他小時候很可愛，就是這樣啊。〔註25〕

剪短髮、穿球鞋、打架……這些在傳統社會規範中被列為男性化的外象表現，J小生接受了這樣傳統的思維教育，所以以此判斷自己應該當個男生，而那時的她不因為被說自己不像女孩子而難過，反而倍覺欣喜，從這點來看，J小生在接受大環境傳遞的訊息時，她也不是那麼「照單全收」，她接受了男生該「陽剛」、女生該「陰柔」的講法，但並沒有因為自己生理性別為女生，就認為自己一定得是個女生。

反觀她的弟弟，因為可愛的外貌、膽小的個性，以及總是拉著姊姊的形象，被人評價為像個「女孩」。有趣的是孩提的他依著J小生的「調教」，讓她幫他穿著打扮，並且為她伴舞，沒有什麼異議，可見得孩童外在的言行舉止和給人的性別印象，往往都是「塑造」出來的。

> 後來就是回家時，我三姊跟我二姊，我三姊先開始的，就見不得人好，就看我都把我弟弟裝扮得很像娃娃，她就說男孩子好像女孩體，裝成這樣像什麼？跳什麼舞？跟小孩這樣說說，過了一兩年，他就慢慢變壞了，就開始學刺青，學一些有的沒有，他若跟我過這種生活，單純、單純的不是更好？結果被她罵成去當浪子，就開始跟人家吵架打架、刺青，跟人家騎摩托車碰碰去，變壞啊，打架啊，後來又吸安非他命，後來才又慢慢改變。〔註26〕

〔註25〕 受訪者：J小生。時間：2009 年 10 月 13 日 18：00～20：00。地點：台北市八德路四段怡客咖啡。

〔註26〕 受訪者：J小生。時間：2009 年 10 月 13 日 18：00～20：00。地點：台北市八德路四段怡客咖啡。

J 小生的弟弟開始有「自覺」是受到三姊、二姊嚴厲的抨擊而「醒悟」，二姊、三姊的想法就如同社會大眾對男童女童不同的要求那般，男孩子不可以像個娃娃般可愛，更不能展現出「女孩體」。什麼是「女孩體」？這應該進一步思考，社會性別規範的框架被強加在孩童身上，而他為了證明自己不是女孩子，開始學刺青、打架、飆車等「勇敢」的行為，走偏了路，進而染上吸毒的惡習，當然事實也或許不像 J 小生說的這樣簡單，可能有更複雜的因素導致她的弟弟染上不良習性。

再回頭來檢視 J 小生她自己，讓她放棄「當個男生」的念頭，是源於她無法再抽長的嬌小身高。這是一個很有趣也很殘酷的說法，背後隱藏的一個概念是：男性應該在身高上被要求，而當無法達到一定的標準時，那會是種缺陷、不圓滿。這本是社會常規觀念，J 小生的性別認同雖然溢出社會常規，但她對於男女身高的要求卻在社會常規觀念中。就是基於這樣的概念，J 小生放棄讓自己朝「男性」發展，她決定讓自己頭髮留長，轉型當個女生。J 小生能如此「輕易」放棄「當個男生」的念頭，頗令人感到不可思議，但若對照她後來的性／別發展之心路歷程，這樣的疑惑能獲得解答，因為她其實潛藏雙性特質，她不一定非要當個「男生」或是「女生」不可，因此面對現實不利於「當個男生」的條件時，她可以「選擇」另一個「性別」。

不論如何，「男生」、「女生」竟可以透過「頭髮」、「球鞋」等外在條件而被轉換，J 小生的認知透露出男女性別認同的荒謬性，而這種荒謬性是她自己製造的？還是一直以來被視為主流的兩性認同所產生的？

二、同性戀情中的婆角色定位

（一）初戀對象為女性

在戲班長大，J 小生聽多也看多藝人的同性情誼，不過雖然在戲班這個環境裡同性戀情是稀鬆平常的現象，但是在普世的價值觀中，異性戀依舊是主流文化。也就是說在得知同性戀情這個次文化的同時，還有一個更大的價值觀凌駕於次文化之上。在十七歲之前，J 小生從沒想去挑戰社會的道德認同，她知道什麼是同性戀，不過不認為自己會逾越「正規」的社會價值標準，縱使在她孩提時代曾渴望當個男生，不過她說那也不代表她就會想跟女生交往。

　　十三、四歲時，J 小生已經常在戲班演出，那時候她都是演彩旦、小旦等角色，有個來看戲的 T 很欣賞她，想要追求她，她不僅是基於年少的理由而拒絕她，更是因為她無法承擔「同性戀」的污名：

> 那個 T 要追我，那時我才十三、四歲而已，我還那麼年少就想追我，雖然我很早熟。我就跟她說我不想要同性戀……我怕人家說我是同性戀啊！我會怕，我無法接受是這樣，因為好幾個姊姊都是這樣，我就覺得那是不正常，以前這個東西給我們的觀念就是不正常，所以就一直無法接受。我爸爸是不會，我爸爸的尺度比較寬。（筆者：那妳媽媽呢？）我媽媽也不會，她很尊重我們這些小孩子。〔註27〕

縱使她的父母不會像多數的父母那般害怕孩子變成同性戀，但 J 小生自己受到社會的規範，認定同性戀是不正常的，她會恐懼別人的眼光與社會的指責。

　　後來當她在歌唱職場上遇到一位帥氣十足的混血女 DJ 對她展現殷勤，J 小生心思轉過好幾圈，她猜想女 DJ 是不是同性戀？對方是不是想追她？若真的追她，而她並不是同性戀啊，那又該怎麼辦？

　　J 小生自認為自己並不是同性戀，（不是同性戀並不代表就是異性戀，在這之前 J 小生也沒有對異性有過幻想或渴望，相反地她因為眼見幾位姊姊所遇皆非良人而對婚姻、交男友產生排斥感。筆者不確定這樣的排斥感與她幾次遇到的性侵危機是否也有關連？因為 J 小生自認為自己是看到父母和姊姊不和諧的婚姻與感情而下決心不交男友、不結婚，不認為與幾次性侵危機有關，不過或許在潛意識裡那些都是無法抹滅的陰影。）所以她有些擔憂該如何去面對即將「產生」的愛情，不過後來她與女 DJ 沒有進一步交往，因為另一位女歌手 Plum 見女 DJ 有所行動時，她便更快地展現溫柔攻勢，接送、陪伴 J 小生，宣告「所有權」，因而 J 小生便「自然而然」與 Plum 親近起來。

　　由女 DJ 到 Plum，問題依舊存在，J 小生不認為換了追求對象自己就會變成同性戀。Plum 請她看電影、買東西給她吃、關心照顧她，這些舉動並不代表愛情的展現，J 小生只覺得 Plum 對她很好，直到有了進一步的親密接觸後，J 小生才瞬間體悟到自己踏入了同性戀的圈子裡。她只是反覆不斷地煩惱自己是否真變成同性戀了？該怎麼面對家人？面對社會？

〔註27〕　受訪者：J 小生。時間：2009 年 10 月 13 日 18：00～20：00。地點：台北市八德路四段怡客咖啡。

在這裡，有幾處值得思索，第一，透過親密的肢體接觸（擁抱、親吻），J小生發現自己心裡產生悸動，這種悸動和既成的事實關係，讓她一夕之間「變成」同性戀，這樣的轉變與發展代表了什麼？是不是因為性行為是最容易被確認為自己是同女或異女的指標。第二，縱使生長在同性戀情普遍的戲班環境裡，J小生依舊憂懼家人、朋友會怎樣看待成為同性戀的她，這是不是代表在戲班這個小環境之上，還有一股更大更強的勢力籠罩著，所以J小生不敢去顛覆那個大傳統。

（二）主動選擇「婆」角色

當經過擁抱、親吻等接觸後，J小生正式宣告她戀愛了，而兩個女生怎樣戀愛？她們在某種程度上仿效異性戀的模式，（這樣的說法可能會引起女性主義學者、性別研究學者的反擊，但對於一個自小籠罩在「異性戀」才是正確相戀模式的人而言，或多或少都會從學習異性戀相處的模式開始，一個是陽剛者——保護者，一個是陰柔者——被保護者，但這不表示往後實際的相處互動便會一直維持開始的模仿，那只是開始而已。）一個扮Ｔ，一個扮婆。至於誰當Ｔ？誰當婆？基於身高限制，J小生主動選擇當個比較女性化的婆：

筆　　者：妳不是說她很女性化嗎？

J　小　生：對啊，因為她也是歌手，也是長髮，捲捲的，我根本就想不到她會對我做那些舉動，但是兩個人就慢慢生活在一起，變成一種生活習慣，就很單純，也是這樣而已，也是抱抱、親親而已，因為什麼經驗都沒有，就玩這些而已。

筆　　者：妳也是她第一個戀人嗎？

J　小　生：不是。

筆　　者：她以前有交過？

J　小　生：她以前就知道有這些感情。

筆　　者：妳知道她有交過別的女生嗎？

J　小　生：她對我說是說沒有，不過我回想起來應該是有。

筆　　者：她跟妳一樣大嗎？

J　小　生：沒有，她大我三歲。兩個就順理成章在一起，在一起時是我慢慢去改變她，因為她以前很女性化，穿高跟鞋什麼的，因為是歌手啊，比我還女性化。我就跟她說……我跟她出

去就幫她買衣服、挑衣服，就幫她裝扮啊，就跟她說：「為什麼頭髮不剪短？」慢慢就會想改變她，慢慢改變她，把她雕塑成我想看的形象，那時很白癡喔？這樣不是更明顯？（意指別人更容易看出她們是一對情人）（J小生大笑）就很自然變成這個樣子。〔註28〕

一開始Plum的外型打扮比J小生更女性化，留著長長的捲髮、穿高跟鞋，但當兩個人正式在一起以後，J小生採取漸進式地改造策略，讓Plum把頭髮剪短了，改穿中性帥氣的衣服，慢慢地將她雕塑成「T」的模樣，而自己就以女性化的穿著打扮妝點自己成為「婆」。

這裡透露出兩個訊息，一是透過外在形式裝扮，可以塑造自己想要的性別角色；二是性別角色並不是固定不變的，可以自由選擇，甚至具有「可塑性」，這樣的訊息挑戰了生物科學以為先驗存在的性觀念，性／別的界線在此被模糊與跨越。

三、T-bar、戲曲舞台上的T角色扮演

（一）透過言說成為T

在J小生迄今為止近四十年歲的生命中，她只經歷過兩段感情，在這兩段感情裡，她都扮演著婆的角色，不過這不代表她就只是婆，在她的經驗裡，她曾因為善於言說、挑逗而被認為是T。

在大約二十六歲左右，剪成短髮的J小生曾很欣賞一位可愛的女孩子：

人家那是很單純的，（J小生笑）那也不是什麼喜歡啦，我就覺得她很可愛，（筆者問：那時妳幾歲？）好像二十六歲吧，跟Plum分開是二十五歲，有一段日子我都是剪短頭髮，其實不是為了她，為了失戀剪短頭髮，是自己的造型……那是那段日子，可能我平常就滿中性了，加上剪短頭髮，看起來更加中性，大家一看就覺得應該是T吧。我留長髮人家也認為我是T，很奇怪，可能我比較會虧。在那種店一定會虧吧，怎樣虧呢？我若看到漂亮妹妹，就會說：「來，美女來喝一下。」人家一定會哈啦九百，女孩子若是比較空虛的，她就會跟我說幾句。那個女孩子非常單純，不是喜歡啦，是欣賞啦，

〔註28〕受訪者：J小生。時間：2008年4月5日14：00～17：30。地點：台南樂活515餐廳。

　　那是那個女孩子很單純，在保齡球館，很可愛，我都會去逗她，她
　　就很不好意思，她越不好意思，我越喜歡跟她玩。大家就起鬨啊，
　　都當作我要追她啊，朋友就會起鬨，就這樣而已。我覺得那個女孩
　　子真的不錯，我若是真的 T，我一定會追她。〔註29〕

J 小生曾多次提過，她喜歡的女孩子類型多屬可愛型，必須強調的是當 J 小生
這樣訴說時，她是將自己定位在「小生」的行當中，因為多數的時間，她也
會被「T」給吸引，她曾在閒聊時說過，她常常在逛街時，因為店員是小 T 而
進行消費動作，所買的東西常不是她需要的，只是想跟 T 店員聊幾句，增進
對方的業績。如某次筆者見識到她果真如她自己所言那般，見到飲料店的帥
氣小女生，忍不住就多看了幾眼，接著就是掏錢包要買飲料，而當時我們明
明就不感到口渴，那時筆者笑著拉她離開，忍不住也虧她幾句，她自己也覺
得挺好笑，說現在的她就是喜歡逗小 T。

　　回到論述主題，J 小生因為比較堅毅獨立的個性，加上善於「虧」（調戲）
女孩子而被認為是 T，但因為她當時身心疲憊，只想被照顧而不想照顧人，所
以不認為自己是 T，也就不敢真的對欣賞的女孩子展開實際的追求行動：

　　（筆者說：妳不是說妳的心態會更傾向男性化嗎？）不會，我這個
　　人想比較多，我想若是我追她，我就一定要照顧她，我若要追妳，
　　我就要有那個責任心，我要保護妳，我要照顧妳。但是我已經很累，
　　亂七八糟了，我不想要照顧人，只想被照顧。（J 小生笑），那時沒
　　想那麼多啦，我心裡是想說她很可愛，又很多人起鬨說：「追她！追
　　她！」我怕人家女孩子單純，我若不是認真的，是玩玩的，若放下
　　她，她若想不開……〔註30〕

原來在 J 小生的想法中，T 角色是被要求得照顧人的，而婆則享有被照顧的權
利。〔註31〕J 小生對於自己心境的解剖，無意中透露許多訊息，她不認為自己
是 T，因為當 T 要負起照顧對方的責任；另一方面，她又很清楚她被當作是 T
看待，不管她的髮型是長是短，她只要透過言說便能輕易展現出 T 的特質：

〔註29〕受訪者：J 小生。時間：2008 年 4 月 5 日 14：00～17：30。地點：台南樂活
　　　　515 餐廳。

〔註30〕受訪者：J 小生。時間：2008 年 4 月 5 日 14：00～17：30。地點：台南樂活
　　　　515 餐廳。

〔註31〕這樣的想法與張娟芬對 T、婆的調查結果相吻合。詳見張娟芬：《愛的自由式
　　　　——女同志故事書》（台北市：時報文化出版企業有限公司），2005 年 3 月。

> J 小生：那是以前我在 T-bar 的時候，不知道爲什麼，大家都把我
> 　　　　當作是 T 吧！（邊說邊笑）真的唷！
> 筆　　者：那時候妳的裝扮應該很女性化吧？
> J 小生：對啊，我也不知道爲什麼會這樣？！我的裝扮……她們說
> 　　　　我是台北 T，台北 T 的意思就是外表看起來都裝扮得很漂
> 　　　　亮，可是事實上她的性向就是 T，所以大家都對我有那種
> 　　　　感覺啊。可能那時候我也很會閒扯，很會跟女孩子閒扯、
> 　　　　說話，很會「虧」她們，所以她們就都說我是台北 T。加
> 　　　　上那個時候若有人問我叫啥名字？我說我是小哥啦，所以
> 　　　　大家都叫我小哥。「小哥」這樣的代號就被叫住了，所以她
> 　　　　（指圓圓）的心裡面一直希望我是真正的 T，所以她會這
> 　　　　樣叫我，即使我現在的裝扮非常 lady，她也是想要這樣叫，
> 　　　　因爲她想要愛的是那個感覺，妳知道嗎？所以每個人都有
> 　　　　很奇怪的想法，我不能去將她擋著啊，那是她的想法啊。
> 　　　　〔註 32〕

J 小生二十九歲左右再度進入酒店上班時，她旗下的小姐圓圓對她產生特殊的情感。那時的 J 小生的外在打扮是很女性化的，但當她出入 T-bar 時，她喜歡跟女孩子說說笑笑，那種說說笑笑多少帶有「調情」、「戲謔」的味道，加上她又自介爲「小哥」，也要人家這樣稱呼她，於是就有些女孩子認爲她是 T，是台北 T。所謂的台北 T 就是外表看來很漂亮，不屬於中性穿著的帥氣感，但內心傾向爲 T。

　　圓圓從那時開始就稱呼 J 小生爲「小哥」，一直到現在都還是如此稱呼她。不過此章節暫時不對圓圓與 J 小生的情誼展開探討，因爲圓圓會對 J 小生癡迷，還牽扯到 J 小生演藝生涯扮飾小生的層面，所以留待下一章「性別與表演」時再做析論。

　　除了圓圓之外，在當時有些女孩子也都一致認爲 J 小生是 T，甚至 J 小生自己多少也有這樣的認同，所以才會要人家叫她「小哥」，而不是「姊姊」、「妹妹」這類比較偏女性化的稱呼。

〔註 32〕受訪者：J 小生。時間：2008 年 1 月 20 日 13：00～14：05。地點：J 小生家
　　　　客廳。

　　從二十三歲到三十歲這個時期的 J 小生，因為與 Plum 的感情多次分手又復合，J 小生有多次的空窗期，不知是否因為如此，J 小生變得有些遊戲情感，將內心的苦悶傷痛化為外在的戲謔調笑，加上她特殊的工作地點，那種風月環境本來就不太能使人嚴肅認真地面對「客戶」，所以 J 小生更加「放縱」自己在言語上的抒發與調謔，沒想到這樣竟就輕易地被當成 T，而 J 小生自己也不排斥被這樣認定，甚至在這過程中，她也在有意無意間拋出，並接受自己這樣的定位。

（二）透過表演形塑 T

　　J 小生跟 E 小生交往以後，在 E 小生的戲班幫忙演出，通常是以「生行」充任，而這也讓她的觀眾戲迷遽增。為什麼改演小生之後，觀眾戲迷就會變多？那是因為透過表演，她詮釋一個男性角色，這個男子的形象無形中吸引了女性的觀眾目光，觀眾知道他是「她」，不會真的把她當成男子，不過也不會單純把她視為一個女子，女小生擁有特殊的舞台魅力，那樣的形象就像「T」，同時擁有男性與女性的特質。J 小生說：

> 我記得我以前沒有在演小生的時候，沒有那麼多女孩子「煞」我，自從我做小生之後，（笑）有很多女孩子迷我的時候，那時候我才知道原來做小生就是會迷人喔！就是會讓女孩子愛著我這樣子，然後有女孩子愛著我的時候，有很多人在「煞」我的時候，我就有一個榮譽感妳知道嗎？就會感覺自己越像小生啊……（大笑）真的，很好笑吧？然後那種姿態也會出來喔！那種帥氣的姿態也會出來喔！（筆者：有種自信）對！無形中我那種性格也會出來，喔！嘴巴就很會「虧」，那種表情動作就真正很像那小生，就很像 T 這樣，所以有時候我感覺自己很好笑，我有很多層面，不過大部分我都是玩的比較多啦，我都沒有認真啦，都是耍嘴皮子比較多啦，所以在台上演小生之後，自然小旦會「煞」到妳，小女孩會「煞」到妳……妳就這樣子被拱起來啦。有時候被拱起來的時候，妳又剛好一腳踏進去那個圈圈裡面，妳就真正成為那個 T 啊！……所以做小生是有影響的，尤其是做小生，小旦跟妳演對手……嘖！有的小旦也真厲害，很會放電，我以前也差一點被一個小旦放電迷去……〔註33〕（底線為筆者所加）

〔註33〕 受訪者：J 小生。時間：2008 年 1 月 20 日 13：00～14：05。地點：J 小生家客廳。

不只是觀眾把她當作 T（雖然看戲的觀眾不一定知道「T」這個詞彙的意思，但這不影響他們對她表演的欣賞），J 小生在演小生時，一邊透過表演把自己形塑為「T」，一邊透過與戲迷朋友的互動，「確認」自己「成為」T。就像她自己所說的，當女孩子愛上演小生的她時，無形中也會強化她小生的特質，會覺得自己越來越像小生，言行舉止自然會展現帥氣、性格的姿態，甚至連嘴巴都自動會「虧」起來，「就像小生」、「就像 T」，好像很奇妙又很自然，在台上演小生，「自然小旦會『煞』到妳，小女孩會『煞』到妳」，不論戲裡戲外，都會迷倒同性，而且自己也會「陷」入其中，也有被小旦放電迷走的可能性。

性別的可扮演性也在這裡被展現出來，本來戲曲行當演出是屬於藝術層次的問題，舞台角色性別不等同於演員真實性別。不過透過表演，女性觀眾可能會迷戀「小生」、對手小旦也可能會迷戀「小生」，當演小生的她被迷戀時，成就感會推波助瀾，無形中將某些特質內化了，自己也覺得自己在現實生活中是個「小生」，這是被「拱」起來的，也是小生特質被內化的結果，「拱」所代表的含意，表示性別不是固定不變的，而是變動不居的。若這個時候，又剛好有機緣與女子相戀，那就會真正成為 T 了。

J 小生是有很多機會可以成為 T 的，因為透過表演，她能輕易地把自己形塑成 T 的假象，有很多女孩子迷戀她，關於這部分留待下一章「性別與表演」再進一步做分析。

第三節　性／別易動的幾種類型

關於性／別界線的模糊與跨越，J 小生並非單一個案。在她生活周遭，尤其是至親手足身上，同樣也看到姊姊們幾度出入傳統性別的框架。那是她們真實的人生經歷，無法以傳統的性別二元概念加以收攏概括，但這不表示她們是「錯」的，是不正常的，應當反思的是被視為主流的性別二分法、異性戀體制真能代表真理？不然在這麼一個小小的家庭中，為什麼就有這麼多人溢出正統的規範？

以下依本論文目前所做的田野調查結果，將性／別跨越的類型做一歸納，所列舉的個案不是做為代表性而加以紀錄，其目的只是為了呈現性／別的多元與複雜性。另外，必須說明的是，以下結果只是真實狀況的一部份，

絕非全部，礙於種種因素，難以將性／別問題做更廣泛的調查，但多少能再次印證性／別多元的狀況。

就本文所做的調查中，性／別易動的類型約有下方幾種：

甲：心理性別在 T、婆之間擺盪，實際性慾傾向為 T

乙：心理性別在異、同之間擺盪，實際性慾傾向為男性、T

丙：心理性別在異、同之間擺盪，實際性慾傾向為男性、T、婆

丁：心理性別為 T，實際性慾傾向為婆

戊：心理性別為婆，實際性慾傾向為 T

己：心理性別在異、同之間擺盪，實際性慾傾向為男性、婆

為什麼要在性慾傾向之前特別加上「實際」二字？原因就是因為無法得知個案主角的內心情慾真實狀況，只能就可以確定的部分——實際交往過的人做探討。

J 小生是甲類型的典型案例。從表象來看，J 小生是單一性／別，她是婆認同，只和 T 相戀，不過深入訪談 J 小生後，會發現 J 小生的心理性別也不是那麼單一的婆認同。她小時候渴望當個男生，長大後也曾樂在假扮 T 的角色扮演裡，那這樣的她還可以算是單一性／別認同嗎？一般而言，我們都會以實際情慾為指標，就像在判斷一個人是異性戀或同性戀時，會以他／她是否與異性或同性有實際的性接觸為標準，但情慾能作為完全的判斷標的嗎？柯采新《同女出走》說：

> 同男或同女是一種踰越了異性戀律法的人，其踰越方式可能是對同性有情慾，但並非全部。〔註34〕

顯然地，情慾不是全部，只是它是最容易被確認的部分。人最複雜的是心理活動、潛意識內容，而這兩個部分卻是最難被洞悉、分析的。很多時候連當事人都無法完全知曉自己複雜的心理活動，更遑論是潛意識的部分，也就更不用說對人言論，尤其是對「研究者」剖析自己隱晦難言的思路、情感轉折。

J 小生是本文所能掌握的案例中最為詳盡的，她盡可能地把她自己所知所感在受訪時——告知，好讓分析工作能順利進行。她的性／別易動已如上節所述，在此不再贅述。在下兩個小節中，會有五個案例呈現，這五個案例主要是 J 小生根據所知的現實狀況對她五個姊妹的情感歷程所做的陳述，本文再

〔註34〕 柯采新（Cheshire Calhoun）著、張娟芬譯：《同女出走》（台北市：女書文化事業有限公司），1997 年 7 月，頁 34。

稍加整理出其在傳統性別框架中的出入、越界。不過這只是大體的狀況，某些曖昧不明的情感糾纏，或是特意低調處理的情感，J小生便無法洞悉得知。另外，同樣的為保護當事人，以下所有人名皆以代號出現。

　　第三小節「心理性別為T，實際性慾傾向為婆」會有兩個案例呈現，第四小節「心理性別為婆，實際性慾傾向為T」則是一個案例的呈現。上述這兩種性／別易動的類型是比較單純的，也就是說她們不曾在不同的性別範疇中轉換認同，（至少表面看來是如此）不論是心理性別或是性慾傾向都是比較單一的。另外，還有兩個案例顯示是己類型，也就是「心理性別在異、同之間擺盪，實際性慾傾向為男性、婆」，不過這兩個案例都非由當事人現身說法，而是周遭的人代為陳述，不過就筆者所知，歌仔戲界這樣的坤生並不少。

一、心理性別在異、同之間擺盪，實際性慾傾向為男性、T

　　心理性別在異、同之間擺盪，實際性慾傾向為男性、T的案例有三，其中一位行當是以小生為主，分述如下：

（一）金女──主要行當為小旦

　　金女曾在拱樂社的錄音團學身段、學戲，合約期滿後便回自家劇團演戲，主要行當是苦旦，也就是歌仔戲班的第一女主角。她的第一個戀人是在錄音班所認識的乾T，乾T不是歌仔戲演藝人員，她喜歡看戲，所以她的幾個女友都是歌仔戲界的彩旦、小旦等等。乾T與金女交往後，便住到金女家裡，幫金女打理家務，照顧她幾個妹妹，J小生都戲稱乾T為「管家」。

　　金女第二個戀人是甲男，甲男是台南某歌仔戲劇團的成員，不過他沒有從事演出，因為他行動不便。金女與甲男交往後，她便搬到男友家中居住，乾T則還留在金女家。金女和甲男生下一女小君，女兒由乾T代為照顧，乾T很疼愛這個女兒，視為己出。後來金女與甲男分手，而與乾T復合。

　　金女第四段感情的寄託對象為自家劇團的武場樂師乙男，乙男當時非單身並有一女友，但金女還是與他交往，並生下一子。乙男當時很欣賞J小生的歌喉，會不斷鼓勵、介紹J小生出去唱歌。

　　乾T見金女二度愛上異性男子，受到很大的刺激，原本就會賭博的她更加變本加厲地熬夜賭錢，後來她疼愛小君生病夭折，她更加痛苦不堪，就在金女與乙男分手，回頭和甲男復合時，乾T亡故。

　　金女與甲男復合後，便辦理結婚手續，正式結為連理，且再度為甲男懷孕生子，但不幸兒子夭折而亡。後來金女同兌 T 交往，便與甲男分開，不過沒有離婚。

　　兌 T 是金女在錄音班學戲時所認識的，對方的行當是以三花和老生為主。兌 T 之後，金女又與離 T 交往，離 T 是電視台的編劇，因看戲而認識金女，她會打金女的兒子，不知是不是因為這樣，金女與離 T 分手。

　　離 T 之後，金女和震 T 短暫相戀。震 T 一開始追求的是 J 小生，不過因為 J 小生覺得自己並非同性戀，加上上了年紀的外省人震 T 脾氣不好，所以 J 小生拒絕與她交往。

　　目前金女因為歲數漸長之故，行當由小旦改為老旦（或稱老婆），並與老生丙男交往，交往期間因為有了身孕，所以同甲男辦理離婚手續。甫離婚後沒多久，生下一女，而丙男原妻早已亡故，不過他有好幾個兒子，算是也有自己的家庭，所以也不急著跟金女結婚。金女為他生下女兒，不過女兒沒有入丙男家的戶口，因為金女離婚和生女的時間點過於接近，聽說要入丙男家戶口還得驗 DNA，不然會遭到質疑，丙男覺得驗 DNA 既花錢又麻煩，所以就只讓女兒冠上他的姓氏而已。

　　總言之，金女在性／別的易動上，以交往對象為基準，呈現下述的位移現象。

　　同女（婆）→異女→同女（婆）→異女→異女→同女（婆）→同女（婆）
　　→同女（婆）→異女

截至目前為止，金女分別與男性和 T 有過交往經驗，為清楚呈現金女交往對象的性別範疇，以樹枝圖羅列呈現：

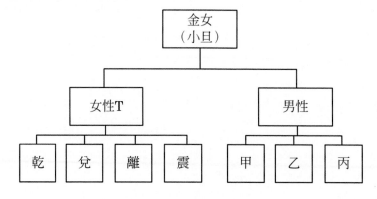

基本上金女只在同女的婆角色和異女間擺盪，且性別認同與她所飾演的行當（小旦、老旦）並無牴觸。簡單地說，金女的戲曲舞台角色以旦行為主，她內心的自我認同也是女性，兩者並無相衝突的地方。值得進一步思索的是為何金女可以在同女（婆）與異女間自由進出？她屬於雙性戀？這雙性戀的傾向是與生俱來的？抑或後天環境的影響？

表三：金女在性／別框架中的出入狀況

	交往對象	性別認同	歌仔戲行當	備註
第一段	乾 T	同性戀中的婆	小旦	乾 T 是金女在錄音班學戲時所認識的朋友。
第二段	甲男	異性戀的女性	小旦	甲男家中也從事歌仔戲演藝工作。交往期間，生下一女，女兒由乾 T 照顧。
第三段	乾 T	同性戀中的婆	小旦	
第四段	乙男	異性戀的女性	小旦	乙男當時在自家劇團擔任武場樂師，且早已有女友。金女為他生下一子。
第五段	甲男	異性戀的女性	小旦	與甲男結婚，生一子夭折。
第六段	兌 T	同性戀中的婆	小旦	兌 T 行當為三花、老生，兩人交往時，金女與甲男分開，但未離婚。
第七段	離 T	同性戀中的婆	小旦	離 T 在電視台任編劇，因看戲而結識金女。
第八段	震 T	同性戀中的婆	小旦	震 T 曾追求 J 小生。
第九段	丙男	異性戀的女性	老旦	丙男是歌仔戲藝人，行當為老生。金女為他懷孕後，跟甲男離婚，不過兩人沒結婚。

（二）木女——主要行當為小生

木女開始學戲也是在拱樂社錄音班，並在那時與小生春 T 相戀，當時木女的行當是小旦。後來木女回自家劇團演戲，因衡量現實狀況，她由小旦轉行當為小生，結識了前來看戲的夏 T，兩人進而交往。轉行當的木女，內心依舊是「婆」，她截至目前為止的性別認同只出入於同性戀中的婆和異性戀的女性這兩個範疇，外在行當與她內心的性別認同並沒有劃上等號。

夏 T 之後，木女由同女轉為異女，和已婚的天男交往，並與他生下一女。天男是自家劇團的司機駕駛，木女的父親因為他們兩人的情感發展大發雷霆，怒斥天男不該和女兒交往，並將天男解雇。

　　與天男分手後，木女先後和地男、玄男交往。地男是某請主的兒子，玄男原本從事車輛販售工作，與木女交往期間便到劇團掌控燈光音響事務。地男、玄男之後，木女又變回同女身份，和秋 T 相戀。秋 T 從小便看戲，也曾追求過當時十三、四歲的 J 小生，曾對 J 小生付出許多。木女和秋 T 交往後，便對 J 小生直言坦承，希望 J 小生知道她們的狀況。J 小生認為木女是幾個姊妹中最不會因感情糾葛跟她生氣的人，所以對於木女的直言不諱，她反而覺得很自在，姊妹情不因此而產生波動。

　　木女和秋 T 分手後，又跳到異女的框架裡，和地男復合交往。

　　總言之，木女在性／別的易動上，以交往對象為基準，呈現下述的位移現象。

　　同女（婆）→同女（婆）→異女→異女→異女→同女（婆）→異女

　　木女和金女一樣，也是只同 T 和男性有過交往經驗，其交往對象範疇如下方的樹枝圖所示：

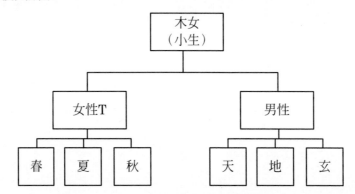

　　基本上，木女也是在同女（婆）與異女間進出擺盪。值得注意的是，木女除了一開始的行當是小旦以外，後來她完全改演小生，很明顯地她在舞台上所扮飾的角色性別與心理性別是不同的。她自己的女性認同與第一個交往對象春 T 是否有決定性的關連？換句話說，她在學戲階段與同伴相戀，同伴的性別認同為 T，所以她是因應對方而成為婆？或者她本來就有婆傾向，所以才可能與 T 交往？對照木女之後在感情中所扮飾的性別角色來看，顯然她是婆傾向的機率大些，因為她不因改演小生而轉換性別角色，她可以與男性交往，也可以和 T 相戀，她除了第一段感情，行當與交往對象的性別相呼應之外（即小旦/婆和小生/T），往後的狀態呈現演藝歸演藝，真實人生歸真實人生，不必然有絕對的關係。

表四：木女在性／別框架中的出入狀況

	交往對象	性別認同	歌仔戲行當	備註
第一段	春 T	同性戀中的婆	小旦	木女在錄音班學戲時與小生春T交往。
第二段	夏 T	同性戀中的婆	小生	夏T因為看戲認識木女。
第三段	天男	異性戀的女性	小生	已婚的天男在自家劇團擔任駕駛之職，木女為他生下一女，兩人沒結婚。
第四段	地男	異性戀的女性	小生	地男是某請主的兒子
第五段	玄男	異性戀的女性	小生	玄男原本從事車輛販售工作，與木女交往後，曾到劇團幫忙掌控燈光音響工作。
第六段	秋 T	同性戀中的婆	小生	秋T因看戲結識J小生，曾追求過當時十三、四歲的J小生。
第七段	地男	異性戀的女性	小生	

（三）水女──主要行當為小旦

　　水女是個天真率直的女子，她一開始在自家劇團演三花，後來就改以小旦為主。年輕的她十分愛玩，交過好幾個男友，一直都認定自己是「正常」的異性戀女性，後來不小心懷了陸男的孩子，只好奉子成婚，不過婚姻並不幸福，最後以離婚收場。

> 　　離婚後，水女與J小生住在一起。當時J小生應朋友之請求，收容朋友的姪女松T，於是三人開始合夥做生意、組舞團，也演歌仔戲。松T行當以三花為主，偶爾也演小生。某日松T與水女相約喝酒，酒醉後兩人有了親密的性行為。隔天早上醒來，水女無限驚慌，一直問J小生：「我這樣是不是變成同性戀了？怎麼會這樣？」之後水女便和松T交往，不過兩人依舊心性不定，經常有出軌情形發生。水女先是因上班而結識海男，又跳回異性戀圈子，和海男交往，不過最後又難捨松T，便跳回同性戀情的框架裡，與松T復合；後來又與竹T擦槍走火，改投竹T懷抱，然後又重新與松T復合，接著又與梅T交往，最後又回到同性戀情的第一個戀人松T身邊。

　　松T自己也先後有過別的女子，但總是在徘徊一陣後，又想起水女，兩人又和好如初。

　　總言之，水女在性／別的易動上，以交往對象為基準，呈現下述的位移現象。

異女（N 次）→異女→同女（婆）→異女→同女（婆）→同女（婆）→
同女（婆）→同女（婆）→同女（婆）

水女與交往對象的性別範疇，如下方樹枝圖所示：

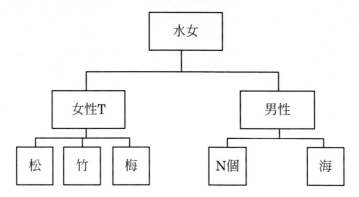

在遇到松 T 之前，水女一直都是異性戀，也從沒懷疑過自己的性別認同，而
當她由異女跨入婆的範圍裡，經過一段詼諧又應嚴肅對待的過程。水女是因
為與松 T 有了肌膚之親才懷疑自己是否已跨到同女的世界中，這與 J 小生的
狀況相似。先前兩個女生的交往，很容易視為單純的「姊妹情」，J 小生跟水
女都是這樣認為，直到與姊妹伴侶發生親密的性關係，才會正視自己的性別
問題，她們似乎都不是天生的同女認同，當然水女應該稱為雙性戀更為恰當。

表五：水女在性／別框架中的出入狀況

	交往對象	性別認同	歌仔戲行當	備註
N 段	數個男友	異性戀的女性	三花	水女年輕時很愛玩，所以交過多個男友。
第 N+1 段	陸男	異性戀的女性	三花、小旦	水女與陸男奉子成婚。
第 N+2 段	松 T	同性戀中的婆	小旦	松 T 行當為三花、小生
第 N+3 段	海男	異性戀的女性	小旦	水女在外工作後結識海男。
第 N+4 段	松 T	同性戀中的婆	小旦	
第 N+5 段	竹 T	同性戀中的婆	小旦	
第 N+6 段	松 T	同性戀中的婆	小旦	
第 N+7 段	梅 T	同性戀中的婆	小旦	
第 N+8 段	松 T	同性戀中的婆	小旦	

二、心理性別在異、同之間擺盪，實際性慾傾向為男性、T、婆？

　　心理性別在異、同之間擺盪，實際性慾傾向為男性、T、婆的案例有二，分述如下：

（一）火女——主要行當為武生、小旦、小生

　　火女的感情經驗比較豐富，下述內容可能無法涵括她所有的愛情經驗，只能陳述大概的狀況。火女第一個交往的對象是自家劇團的駕駛子男，子男後來被解雇。第二個戀愛對象則為女生紅 T，紅 T 因看戲而結識火女，當時火女的行當以武生為主，從這兒可以看出外在行當與火女內心性別認同並沒有劃上等號。第三個交往對象又換回異性丑男，丑男是拉弦的文場樂師，是火女父親的好友，曾對 J 小生自曝下體。

　　跟丑男分手後，火女同高雄某知名歌仔戲團團長寅男交往，寅男是個有家室的男子，曾因此鬧得滿城風雨。後來火女就遠走日本，並在日本認識她的先生卯男。火女懷孕後回臺灣待產，日人卯男答應在台灣補辦婚宴，沒料到火女待產期間與金女甲先生的堂弟辰男交往。婚宴當天卯男來到臺灣，火女也出席喜宴，但當晚便消失無蹤，卯男苦等幾天沒有妻子下落，便留血書，傷心返回日本。

　　火女後來到台中按摩院上班，結識客人巳男，巳男很捨得為火女花錢，甚至隨她返鄉居住，也曾拿大筆金錢買下火女家族劇團，讓火女接手經營，而火女則多次懷有巳男的小孩，但不幸皆流產。

　　火女後來與巳男分開，跟台北戲班的武場樂師午男交往。午男也是早有妻室，而且脾氣不太好。他們兩人後來到台南戲班演出，火女行當改為小旦，戲班班主澄 T 見火女經常受到欺壓而心生同情，兩人進而相戀長達六年。

　　與澄 T 分手後，火女賣掉所有小旦的行當，改演小生，疑似與一婆交往，之後又恢復異女身份，與已婚的未男交往。未男是高雄外台歌仔戲班的老生，也是武角。

　　總言之，火女在性／別的易動上，以交往對象為基準，呈現下述的位移現象。

　　異女→同女（婆）→異女→異女→異女→異女→異女→異女→同女（婆）
　　　→同女（T）？→異女

火女交往對象的性別範疇，如下方樹枝圖所示：

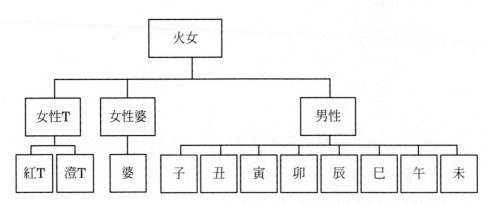

一開始火女的武生行當與她內心的性別認同並無相呼應之處,她雖演武生,但交往對象以男性為主。在多段戀情之間,只有紅 T 因看戲而與她結識,進而相戀,紅 T 也不是因為火女演小旦而愛上她(當時火女行當為武生)。火女直到待澄 T 的班時,才正式改演小旦,並且因為她台下楚楚可憐的姿態而擄獲澄 T 的心,此時兩人的行當與性別認同隱隱相呼應,一小生一小旦,一是 T 一是婆,而且在兩人分手後,火女憤而賣掉所有小旦服飾,改演小生,且疑似與一婆交往。不過之後火女又恢復異女身份,讓人有些質疑她是否因為過於傷心與憤怒而短暫改換性別成為 T?因為根據性別研究者的調查,確實有不少人會因為在情感上受到巨大創傷而改變性/別認同,只是有人是短暫性改變,有人是永久性改變,而火女因為從事演藝工作,舞台上的性別扮演多少也會影響她的性/別觀,她可能會因為扮演小生行當而「順勢」當個 T,目的可能是自我療傷,(因為她的愛人澄 T 愛上別人)也可能是不肯示弱的表現。(她也能是具有主導權與魅力的 T——在歌仔戲這個圈子,坤生是優勢,但在別的同性圈子中,T 多婆少的狀況下,T 的優勢便不存在。)

表六:火女在性/別框架中的出入狀況

	交往對象	性別認同	歌仔戲行當	備註
第一段	子男	異性戀的女性	武生、三花、彩旦	子男為自家劇團的駕駛
第二段	紅 T	同性戀中的婆	武生	紅 T 因看戲而結識火女
第三段	丑男	異性戀的女性	武生	丑男為文場樂師。
第四段	寅男	異性戀的女性	武生	已婚的寅男為高雄某歌仔戲團團長。
第五段	卯男	異性戀的女性		與寅男分手後,火女至日本酒店上班,結識日本人卯男,並與之結婚、懷孕。

第六段	辰男	異性戀的女性		火女回國待產期間，與金女甲先生的堂弟辰男交往，卯男傷心回日本。
第七段	巳男	異性戀的女性	武生	巳男是火女在台中上班時結識的客人，後來隨火女回她家鄉居住，火女為他多次懷孕，不過皆流產。
第八段	午男	異性戀的女性	小旦	已婚的午男為台北武場樂師，火女為他生下一子。
第九段	澄 T	同性戀中的婆	小旦	澄 T 為某歌仔戲劇團團長兼當家小生。
第十段	婆	同性戀中的T？	小生	火女與澄 T 分手後，改演小生，疑似與一婆交往。
第十一段	未男	異性戀的女性	小生	已婚的未男是名高雄外台演員，從事老生或武角行當。

（二）土女——主要行當為小旦、小生

土女是個感情比較單純的人，她自從結識隔壁開卡拉 OK 的 A 男進而交往後，便一直死心塌地跟著他，並與他結婚生子。不過 A 男非常花心，經常讓土女陷入痛苦之中。後來土女與方 T 日漸熟識，方 T 是 J 小生的好友，曾長時間陪伴、幫忙 J 小生。或許是日久生情，土女與方 T 開始交往，不過當時土女雖與 A 男離婚，卻依舊住在同一個屋簷下，而方 T 居住在異鄉，每週末北上與土女相聚，這樣的情形長達數年之久。

後來土女終於與 A 男分居，不過曾經很迷戀 J 小生的圓婆（即圓圓）因感情受挫，經常找土女傾訴內心悲傷，當時土女因為身材有些走樣，行當由小旦改為小生，不知道是否因此之故，圓婆將情感轉投在土女身上，兩人有過擁抱、親吻等親密行為，不過土女與方 T 的感情依舊持續進行。

總言之，土女在性／別的易動上，以交往對象為基準，呈現下述的位移現象。

異女→同女（婆）→同女（婆、T？）

土女交往的性別範疇有三，分別是男性、T、婆，如下方樹枝圖所示：

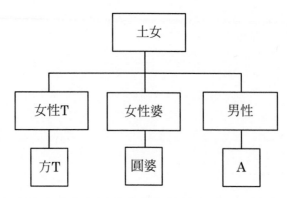

　　根據 J 小生的說法「土女是我家幾個姊妹中最『正常』的人」。J 小生所謂的「正常」是指土女在很長時間裡皆是乖乖待在傳統的異性戀性別框架中，她沒有幾個姊妹出出入入性別界線的可觀現象，正因如此，她往後的「越界」更值得令人思索。她是因在感情世界受挫而轉換性別認同？如同佛洛依德所說的，「有些人是在經歷了與正常性對象的痛苦體驗後纔將力比多轉向倒錯的性對象。」〔註 35〕還是她也是天生有雙性戀的傾向，所以能遊走在同女與異女之間？也就是說雙性戀是基本的先決條件，所以她早年受制於傳統性別觀念的框架裡，直到在感情裡受到太大的傷害，才讓潛藏的同女認同有機會表現出來？亦或是性／別真是後天學習而來，所以她可以由異女轉換為同女，甚至不限於同女的婆角色。

　　觀看土女與方 T 交往的過程，令人有些不可置信的是，當她與方 T 交往時，她依舊和前夫住在一起。根據 J 小生的認知了解，土女是非常愛她前夫的，會離婚是因為他的前夫過於花心，經常捻花惹草，甚至曾對 J 小生有非分之想。不過在很長的歲月裡，土女都將前夫所帶給她的傷害與屈辱忍下來，她似乎一直選擇與前夫有個圓滿的結果。離異後，她縱然跟方 T 交往，不過有數年的時間，她依舊和前夫生活在同一個屋簷下，與方 T 是週末相會型的狀態。這樣的狀況，不禁會令人思索土女是否是在某種性別學習與適應中，當她可以「放下」（且不論是真放下或假性放下）對前夫的依戀，才學會、適應了「越界」？有趣的是她這一越界不單純只是由異女跨到婆，甚至遊走於 T、婆的邊界間，她與圓婆的曖昧往來，同時與方 T、圓婆的交往過程中，對照她

〔註 35〕 Sigmund Freud 著、宋廣文譯：《性學三論、愛情心理學》（台北市：知書房出版社），2000 年 7 月，頁 47。所謂的「力比多」（libido），是指存在於人類及動物身上的性需要本能。

自己行當的轉換，好像隱約中有某些關連。土女早年行當以小旦為主，這與她跟前夫、方 T 的交往不相抵觸，是相呼應的，可是當她近年來因為邁入中年而導致身材發福，不得不改演小生後，她舞台上的生行角色，隱約間吸引了圓婆。圓婆一直都是婆認同，她曾受 J 小生的 T 形象吸引，也曾與某些名小生交往，當她在感情空窗期和現實苦悶中與土女接觸後，展開曖昧不明的情感糾纏，因為表面上土女與方 T 依舊是一對，可是私底下土女沒推開圓婆，那土女是同時間遊走於 T、婆之間，或者她與圓婆的這一段屬於婆婆戀？筆者以為婆婆戀的機率比較低，反倒是因為舞台小生行當的飾演，讓土女有機會體驗「男性」的角色。就像 J 小生的經驗，當一個小生在舞台上受到肯定與仰慕時，無形中會引發或強化她自身的陽剛特質，將台上的扮演延續到台下，尤其當有人因為她的「小生」形象而對她展現示好與迷戀之情，她可能會因此「試試」有沒有那種可能性，（而且女女情感的嘗試不會有懷孕的危險。）也就是說演員可能在透過性別表演的越界，而體悟到性別本身就是種表演的觀念，如果這時又有人自動送上門來，或許會引發她的嘗試心，其結果可能發現自己依舊是原「性／別」，或者就此鬆動「性／別」觀。

表五：土女在性別框架中的出入狀況

	交往對象	性別認同	歌仔戲行當	備註
第一段	A 男	異性戀的女性	小旦	土女與 A 男結婚生子。
第二段	方 T	同性戀中的婆	小旦	土女與 A 男離婚後，和曾追求過 J 小生的方 T 交往。
第三段	方 T、圓婆	同性戀中的 T/婆	小生	圓婆跟在 J 小生身邊多年，後與土女日益親近，是她自己坦承與土女的戀情。

由上兩節的實際案例，可知在 J 小生家中性／別易動是司空見慣的現象。她的五個姊姊都是雙性戀，都有跟異性與同性交往的經驗，且以跨異女、婆這兩個範疇為主，其中金女、水女、土女的歌仔戲行當與內心性別認同大抵相應，木女除第一段感情外，小生行當與婆認同呈現外在相抵觸的狀況；火女的異女、婆認同與開始的武生行當相抵觸，後來改演小旦後，與她內心的性別認同便成同軌狀況，之後又改演小生，疑似與一婆交往，這也是同軌情況，目前行當依舊為小生，但交往對象改為男性，又呈現演藝生活歸演藝生活，現實人生歸現實人生的情形。

此外，應留意的現象是歌仔戲的圈子為女多男少的狀況，所以金女、木女、火女皆曾與已婚男子交往，且多數是劇團中人，含駕駛司機、團長、樂師、演員等等，而這樣的婚外情本就容易引發問題，所以她們的感情路都不太順遂，於是便經常溢出傳統的異性戀性別框架中。不過同性戀情的壓力與問題也不會少於脫軌的異性戀，因此金女、木女、水女、火女、土女就不斷地轉換性別軌道，在異女、婆、T之間到處遊走。

三、心理性別為 T，實際性慾傾向為婆

心理性別為 T，實際性慾傾向為婆的案例有二，分述如下：

（一）E 小生——主要行當為小生

E 小生出生於歌仔戲世家，父親跟母親自組劇團，父親任團長之職，母親是小生。E 小生回憶小時候對於男孩子的感受與記憶，不覺得討厭男孩子。E 小生說：

> 還是小孩子的時候，我練功都是跟男孩子學，八歲、十歲那時我就跟現在武功底子很好的武腳一起翻，他們也都會演戲，像江進江他們，還有矮仔財，矮仔財就是小牛她爸爸，我們從小就叫他大仔、大仔，我都很喜歡跟那些男孩子去海灘練功，在那邊摔來摔去，也不會討厭男孩子。〔註36〕

E 小生打小就喜歡練武，經常跟男孩子去海灘練功，在學校也喜歡跟男孩子玩，對女孩子反而沒什麼特別感覺：

> 筆　者：會覺得自己比較像男孩子嗎？
>
> E 小生：應該是，小時候就很喜歡跟男孩子學武打。怎會……可能……〔註37〕小時候跟他們學武，也不是說很討厭，也不會說很喜歡跟他們接觸，只有學武的時候。
>
> 筆　者：那在學校裡會不會比較喜歡跟男孩子相處？比較不喜歡跟女孩子相處？
>
> E 小生：會，但那也不是喜歡男孩子吧！

〔註36〕 受訪者：E 小生。時間：2009 年 10 月 28 日 16：30～18：30。地點：台南異人館。備註：E 小生受訪時，其友人小美陪侍在旁。

〔註37〕 受訪者：E 小生。時間：2009 年 10 月 28 日 16：30～18：30。地點：台南異人館。備註：E 小生受訪時，其友人小美陪侍在旁。

筆　　者：比較像是兄弟？

E 小生：對，對，對（笑），對啦對啦，（笑）比較愛跟男孩子玩。
　　　　　其實我小學讀到三年級沒畢業，在學校的時間也不長啊，
　　　　　就都跟出來演戲啊。〔註38〕

E 小生覺得自己從小就比較像男孩子，不過她沒想過自己要當個男孩子，也沒想過喜歡男孩或女孩的問題，只是單純地不喜歡穿裙子，但這不代表她就不愛漂亮：

筆　　者：那會覺得小時候就比較喜歡女孩子嗎？

E 小生：也不會……也不會比較喜歡女孩子，也不會啊。小時候就
　　　　　都沒想到那些，只是如果要穿裙子去讀書，就會覺得怪怪
　　　　　的，很討厭，只要星期幾就會穿到運動衣、運動褲，有體
　　　　　育課就比較喜歡，比較不喜歡穿裙子，都會覺得自己很奇
　　　　　怪。

筆　　者：那會想要當男孩子嗎？像 J 小生小時候就想要當男孩子，
　　　　　她一直到自己無法再長高……

E 小生：（大笑）我不會耶，我小時候還不會這樣想，我小時候還
　　　　　會很愛漂亮，我三姊若要帶我們那群小孩子出去，「進去穿
　　　　　衣服，去打扮漂亮一點，我要帶你們出去」，我都挑那個最
　　　　　紅的襪子，都穿到這兒呢（E 小生舉起小腿，比劃將襪子
　　　　　穿到近膝蓋處的樣子），還會愛漂亮啊！還不會想要裝成男
　　　　　孩子，還不會耶，只是不愛穿裙子就是了，不喜歡穿像去
　　　　　學校的那種裙子，到這兒的短裙（比劃到大腿的短裙），不
　　　　　愛穿裙子，從小就不喜歡穿裙子。〔註39〕

每回三姊要帶弟妹出去玩，E 小生都還會聽從三姊的指示，特地打扮得漂漂亮亮，選擇最紅的及膝襪子來穿，個性憨厚單純的她在孩提時代根本不會去思考性別認同的問題：

〔註38〕受訪者：E 小生。時間：2009 年 10 月 28 日 16：30～18：30。地點：台南異
　　　　人館。備註：E 小生受訪時，其友人小美陪侍在旁。

〔註39〕受訪者：E 小生。時間：2009 年 10 月 28 日 16：30～18：30。地點：台南異
　　　　人館。備註：E 小生受訪時，其友人小美陪侍在旁。

　　E 小生：其實我們當小孩子時完全沒想過這些事，沒想過說我要當
　　　　　　男生，沒有啦。〔註40〕

E 小生在小時候雖然覺得自己像個男孩子，不過沒想過要當男生，也不會討厭
男生，直到兩次不愉快的經驗後，她才逐漸跟男生保持距離：

　　我會很討厭男生就是……我不知道那時還有在讀書嗎，我忘記了，
　　我自己一個人不知道怎麼跑去台中的一條路，有一個男人就在那兒
　　說：「妹妹，妹妹妳來……」就對我上下其手，我嚇到，一直跑，跑
　　得心臟都快跳出來，十幾歲那時吧。（停頓一下）我們家庭的生活實
　　在很複雜，因為第一我爸爸娶了那麼多個，家境又不是很好，所以
　　我們十幾歲的小孩，男生女生都睡成一排，睡那種總鋪。有一個男
　　生我很討厭他，到現在還是很厭惡他，（筆者問：親戚嗎？）那也不
　　是親戚，那是他爸爸跟我爸爸像是兄弟輩，不是親的，有個春財仔，
　　他老婆在我爸爸那兒煮飯，他爸爸跟我爸爸像是兄弟，在我們的班
　　演戲，我還記得那個人的名字叫做阿蜀仔，很討厭，很厭惡。雖然
　　我們小孩子十幾歲跟男孩子睡在一起，我們也不覺得有什麼啊。如
　　果家庭比較好的，說難聽一點，十二、三歲怎麼還可能跟男孩子睡
　　在一起？我都沒想什麼啊。睡到一半，他就摸我，有夠氣的妳知道
　　嗎，很生氣，我很生氣，那時我會怕不敢打他，也不敢跟爸媽說，
　　都沒有，把這個事情帶過去，從此以後我很討厭他。（筆者：妳只有
　　討厭他？還是所有男生？）我剛開始很討厭他，後來就對男生不知
　　不覺就不會很喜歡啊。〔註41〕

一次是在路上遇到變態男人，對她上下其手，嚇壞她；一次是夜半被一個男孩
亂摸，惱得她直到現在都還未消氣，從此之後對男生就不曾產生過喜歡之情。
在父親病倒，由他姨太太接管團務後，E 小生便離開家族劇團：

　　E 小生：是自己家族的班，爸爸去世後班就是我阿姨□□□接去
　　　　　　了，我跟她不合，所以我就去待別人的班，待一團台中成
　　　　　　功的班。

〔註40〕受訪者：E 小生。時間：2009 年 10 月 28 日 16：30～18：30。地點：台南異
　　　　人館。備註：E 小生受訪時，其友人小美陪侍在旁。
〔註41〕受訪者：E 小生。時間：2009 年 10 月 28 日 16：30～18：30。地點：台南異
　　　　人館。備註：E 小生受訪時，其友人小美陪侍在旁。

筆　　者：班裡同性的感情很多嗎？

E小生：妳是說在哪兒？

筆　　者：自己家的班、別人的班，就是你小時候就很習慣這些了嗎？
或是說妳看到的，像J小生的情形就是她知道這種感情，
但是她會很排斥，她很怕人家說她……

E小生：喔！其實我小時候不曾聽過這種，我家的團比較單純，我
爸爸的團比較單純，比較沒聽過這個。嗯，就算是有，我
也不知道，小孩子笨笨的，怎會管人家那個？我的頭腦跟
J小生的頭腦，小時候比小時候，她小時候比較聰明啦，
真的啦，她比較聰明。

筆　　者：那妳第一次聽到是？

E小生：我第一次聽到是就是我離開我爸爸的團，二十歲了吧，出
來時才接觸別團，接觸別人，才聽過這種事情。

筆　　者：妳待別人的班才知道？就是那個班有這種情形。

E小生：（笑）因為我在那一班也交一個（大笑，筆者跟著笑），對
啦，真的（笑）！〔註42〕

在二十歲離開家族劇團之前，E小生沒聽過戲班女女相戀的事，而且縱使家族
劇團有女女相戀的事，E小生認為以她駑鈍的頭腦，根本不會去察覺這種情
感，更何況她幾個姊姊都嫁人，她更沒有鮮明的案例去發現：

筆　　者：妳的爸爸媽媽會反對妳跟女孩子交往嗎？他們的觀念是怎
樣的？

E小生：他們都不管我們耶，（筆者驚訝的表情）真的啦，因為我爸
爸娶了三、四個太太，他大老婆、二老婆就管不完了，怎
麼可能又理到我們這兒來！不會啊，我們的爸媽從頭至尾
我們怎樣他都沒在管耶！〔註43〕

E小生的父親因為娶了三、四個太太，故而疏於對E小生的照顧與管教，母親
也因繁雜的家務事和演出工作，同樣採取放任態度，並不會限制E小生交男
友或女友。

〔註42〕受訪者：E小生。時間：2009年10月28日16：30～18：30。地點：台南異
人館。備註：E小生受訪時，其友人小美陪侍在旁。

〔註43〕受訪者：E小生。時間：2009年10月28日16：30～18：30。地點：台南異
人館。備註：E小生受訪時，其友人小美陪侍在旁。

E 小生待別人的團後，才由自己親身的經歷而知曉女女可相戀：

E 小生：可能是從我老爸的班出來後，自己一個人，加上我出來待
她們的班一個月而已，我老爸就死了，七月十五嘛，那時
很傷心很傷心。也有可能去到別人的班，依賴啦，我以前
很依賴性，依賴也有啦，她們照顧我，應該也是……我有
時候也都住在戲館，也有啦。

筆　　者：所以她特別照顧妳？

E 小生：是啦，對啊。

筆　　者：但是她有經驗嗎？

E 小生：她喔？她好像嫁過人（筆者小小驚訝的表情），（E 小生笑）
真的啦，（笑）離婚了啦，（想一下）離婚了對啦，她好像
也有兩個孩子。

筆　　者：但是妳什麼都不知道，那妳們在一起……

E 小生：就是什麼都不知道，大家在一起才會覺得自然，像好姊妹，
這樣這樣，像好姊妹在一起到最後……我哪知（笑，解釋
不下去，笑，筆者也笑），真的啦。

筆　　者：（笑）妳跳過太多了。

E 小生：不是，妳問我那個什麼經驗，那，阿，阿，那個我都不知
道耶，我感覺就就……

筆　　者：那時不會排斥嗎，不會怕嗎？因為妳自己家的戲班也沒這
種情形。

E 小生：對，還好，不會。

筆　　者：那時妳怎麼知道自己可以跟她……

E 小生：就是，就是自然就不知道怎樣了。〔註44〕

E 小生剖析自己當時的感覺，一來她本身個性比較依賴，二來她隻身投靠別
人，三來她就住在團長家，跟團長女兒小瓊相聚時間很多，四來父親在她出
班一個月後就過世了，傷心難過的她十分脆弱，而小瓊特別照顧她，因此兩
人不知不覺就越來越親近，兩個都沒有同性戀情經驗的人，像好姊妹那般相
處，久而久之自然地成為戀人。

〔註44〕受訪者：E 小生。時間：2009 年 10 月 28 日 16：30～18：30。地點：台南異
人館。備註：E 小生受訪時，其友人小美陪侍在旁。

　　小瓊曾有過一段婚姻，也生過兩個小孩。當她跟 E 小生在一起時，小瓊的父母並沒有反對，依舊很照顧 E 小生，反對的是小瓊的弟弟，他愛慕著 E 小生，同時覺得 E 小生跟姊姊的戀情是不正常的，因而企圖阻止：

筆　　者：那她的家庭可以接受妳跟她在一起？

E 小生：她爸爸媽媽也很好耶，也是接受啊，也很疼我啊，她媽媽也很疼我。其實，其實我跟小瓊不錯的時候，那個茗仔妳知道嘛，她小弟有娶老婆了，但是他老婆大他十一歲，他就曾經寫字條給我，放到我戲籠的層櫃，這個我都沒有說，因為我知道她小弟在追我，但是我就是……

筆　　者：寫字條給妳的是她弟弟嗎？

E 小生：她弟弟寫給我的，他寫給我的是：「妳跟我姊姊是不正常的感情……」那時寫字條是勸我不要跟他姊姊在一起，他還沒去……

筆　　者：表示愛意？

E 小生：對對對，他還曾追我追到……那時我待小瓊她家的班，又去住她家的時候，我都會三不五時去找我媽媽，去看我妹妹跟 Happy，結果她小弟還會追到我媽媽那兒找我，我是跑去理髮店洗頭，我媽媽跟他說：「E 小生在前面理髮店洗頭。」他也去找我。慢慢我才知道他在追我，阿娘唯！會怕耶！

筆　　者：男生追妳妳會怕？

E 小生：我真的會怕，那時候怕，（思考一下）應該都有吧，那時怕是因為他也有老婆，還有我完全沒想過……我是跟他姊姊在一起，所以我不要接受他的追求，我不是這樣想喔。

筆　　者：那時已經跟他姊姊在一起了？

E 小生：對，已經在一起了。我不是因為跟他姊姊在一起，他追我我會怕，我就不喜歡啊，我不要啊！

筆　　者：因為他是男生嗎？

E 小生：對。〔註 45〕

〔註 45〕 受訪者：E 小生。時間：2009 年 10 月 28 日 16：30～18：30。地點：台南異人館。備註：E 小生受訪時，其友人小美陪侍在旁。

小瓊的弟弟茗仔在追求 E 小生的時候，E 小生產生恐懼，恐懼的原因不是因為對方是戀人的弟弟，而是因為對方已結婚，並且他是個男生。

在小瓊之後，E 小生結識一位因看戲而迷上她的朋友阿芬，阿芬鼓勵 E 小生自己組劇團，並且以大筆金錢支助她，兩人因而在一起：

筆　者：第一段就是這樣。再來整班之後，妳剛剛說的那個朋友是看戲的嗎？

E 小生：對，妳是說台南這個阿芬？

筆　者：對。

E 小生：（問小美）那她怎麼跑到台中看戲？那時我整班了，對了，我待小瓊的班，小瓊的班到台南演，這個阿芬看到了，她喜歡我，她媽媽也喜歡我，她媽媽很疼我，之後她就來來去去，去台中看我演戲，後來她們就提供意見。

筆　者：叫妳自己整班？

E 小生：對，但是當初，那時我都沒有積蓄，還欠人二十五萬的班底，二十幾年前了，這二十五萬是還誰妳知道嗎？多離譜，還我老爸耶！當初我要出班他已經生病倒下了，是細姨，我阿姨跟我討的，這筆錢是被我阿姨討去的，我老爸如果還活得好好的，他才不可能跟我討錢。（自思）那時我怎會欠我老爸那麼多錢啊？

小　美〔註46〕：賭博。

E 小生：我跟我阿姨兩個人去賭博，不對，應該還有買服飾，不然怎會欠那麼多錢？

小　美：妳不是說是賭博？妳阿姨都帶妳去賭大的，有一次收到戲金……

E 小生：對啦，收戲金也是拿去賭，因為我出班時，我爸爸已經躺在客廳，已經快要差不多了，是我阿姨跟我討的，她跟我討，我就向小瓊她們借二十五萬來還我阿姨。後來阿芬要我整班，我說我沒存錢，又沒有人，還欠人二十五萬。結

〔註46〕 E 小生受訪時，朋友兼工作伙伴小美陪她一起來，因為 E 小生生性害羞且不擅言詞，雖然筆者跟她算是十分熟稔了，但要她受訪還是會緊張，尤其又是詢問這麼敏感的話題。

　　　　　　果錢都是她拿出來的，拿出來都有記帳的，因爲我的人朋
　　　　　　友歸朋友，我也是都算得很清楚。拿出來讓我整班，還買
　　　　　　東西有的沒的，她（指小美）也是把她所有的金子都拿去
　　　　　　賣掉來支援我，眞的啊，整班之後就都住她家了。

　筆　　者：小美當時一定也愛慕過 E 小生喔？

　E 小生：是，對，應該是……也不能説什麼愛慕吧，算是愛看這個
　　　　　　小生吧，像她愛看李如麟一樣。（笑）她很愛看李如麟。

　小　　美：我也很愛看她（指 E 小生）。〔註47〕

阿芬家境十分不錯，她與母親都愛看 E 小生演戲，於是母女兩人就以實際金
錢資助 E 小生，不過阿芬不太能忍受有其他戲迷朋友愛慕 E 小生，兩人經常
會爲此起爭執。嬌慣成性的阿芬有次以整疊現鈔投擲侮辱 E 小生，兩人正式
決裂，E 小生還清阿芬資助她的金額，就此分道揚鑣：

　筆　　者：所以阿芬算是看戲的，第一個是小旦，第二個是看戲的，
　　　　　　接下來是？

　E 小生：對，接下來是啥？（大笑）

　筆　　者：第三段。

　E 小生：妳相信嗎？後來又交了一個理髮廳的。（笑）

　筆　　者：剛剛那個嗎？

　E 小生：不是啦，剛剛哪有？

　筆　　者：妳不是説第一個的小弟去理髮廳找妳，是那個嗎？

　E 小生：不是不是。

　筆　　者：第三個是理髮院的，啊，所以她不是來看戲的？

　E 小生：不是，是洗頭髮洗到認識的，（笑）洗頭、修指甲……

　筆　　者：所以第三個是妳喜歡她的？

　E 小生：對。

　筆　　者：前面兩個是人家比較喜歡妳？第三個是妳比較喜歡人家？

　E 小生：對，曼都，曼都的小姐（笑）我有一次去麥當勞買漢堡，
　　　　　　刮刮樂，頭獎，我得到一百個漢堡，我把一百個漢堡都拿
　　　　　　去給曼都的人吃。（笑）

　筆　　者：所以妳有跟她在一起就對了？

〔註47〕　受訪者：E 小生。時間：2009 年 10 月 28 日 16：30～18：30。地點：台南異
　　　　　人館。備註：E 小生受訪時，其友人小美陪侍在旁。

　　E 小生：有啊，我有跟曼都的小姐在一起。

　　筆　　者：妳敢追人家嗎？妳不是很憨厚嗎？

　　E 小生：可能是對方也有喜歡吧，不然怎麼追？

　　筆　　者：但是她不是這個圈子的。

　　E 小生：她不是，她過去有沒有交過我不知道，我忘記了，應該交
　　　　　　　過男朋友吧。

在比較被動地發展兩段戀情後，憨厚的 E 小生開始會主動出擊，追求自己喜
愛的女子，因而先後與理髮廳的小姐、戲班裡學戲的年輕女孩相戀：

　　E 小生：她比我年輕十二歲。

　　筆　　者：妳班裡的學戲囝仔？

　　E 小生：班裡的，其實她在別處學過戲，不是來我這兒才學的，比
　　　　　　　我少十二歲，那個是她三姊之前。〔註48〕

　　繼年輕的學戲囝仔後，E 小生因爲愛看某個演技很好的女藝人，進而愛上
對方，與她相戀交往。

　　E 小生：我跟妳說我會交阿水，眞的是喜歡她的藝術，眞的啊。

　　筆　　者：那就有關係了吧（指表演跟戀情的關係）。

　　E 小生：這有關係，她演技眞的很好，說正經的，她演什麼像什麼。

　　筆　　者：她是演什麼？

　　E 小生：她喔，小旦、妖婦、小生、三八、老旦……我覺得她演什
　　　　　　　麼像什麼，很會演啦。

　　筆　　者：妳因爲她演啥像啥就喜歡她喔？

　　E 小生：一開始是喜歡她的藝術啊，喜歡到後來就交到了（笑），對
　　　　　　　她眞的是從喜歡她的藝術開始。

　　筆　　者：她演什麼特別好？妳有跟她演對手嗎？她在妳的班嗎？

　　E 小生：沒沒沒，我跟她演對手才不會演呢，她很會演，她演妖婦
　　　　　　　眞的是，那個眼神動作，還有她唱歌眞的是……她演小生
　　　　　　　就沒有派頭，演小生是不錯，但沒那個扮頭，太瘦。她比
　　　　　　　我大十二歲，小亭比我小十二歲。（笑）〔註49〕

〔註48〕 受訪者：E 小生。時間：2009 年 10 月 28 日 16：30～18：30。地點：台南異
　　　　人館。備註：E 小生受訪時，其友人小美陪侍在旁。

〔註49〕 受訪者：E 小生。時間：2009 年 10 月 28 日 16：30～18：30。地點：台南異
　　　　人館。備註：E 小生受訪時，其友人小美陪侍在旁。

阿水是位演技爐火純青的女藝人，她雖然年紀比 E 小生大上十二歲，但 E 小生被她的技藝吸引，由欣賞、喜歡進而墜入愛河。

　　如果說 E 小生是因為欣賞阿水而追求她，那對於 J 小生的姊姊，E 小生就是因為同情而與她發展感情。當時 J 小生的姊姊待在 E 小生的劇團，她因為常被武場男友責問、欺侮而令 E 小生同情，捨不得看她經常落淚、喝酒：

E小生：（笑）就是她姊姊啊。

筆　者：那時她是演小旦嗎？

E小生：對啊，也演三八。我跟妳說她姊姊真的是，也是她（指小美）害我的，很無形中的……

小　美：我害妳的？

筆　者：（指小美）妳是罪魁禍首。

E小生：是啊，其實她那時來我的班的時候，她跟一個男生，他很兇，很會罵她，好像，不知道有沒有打她？罵她啊，很兇就對了。其實是同情，那次就是被她（指小美）害到，那次我在睡覺，房間的電話又壞了，她（指小美）跟□□出去喝酒，（問小美）只有妳們兩個嗎？

小　美：她打電話給我的，對啊。

E小生：她們去喝酒，喝到三更半夜，她叫妳打電話給我對不對？那時我在睡覺，有緣就有緣，無緣就無緣，那次我電話若沒接到，應該不會發生這些事。結果我在樓上睡，樓上電話壞了，樓下電話響，我有聽到耶，已經半夜了，我衝下來聽，就是她打的，說□□心情很不好，一直哭不停，叫我出去這樣。就漸漸漸漸覺得她很可憐，同情吧，（笑）妳聽到快掉淚是不是？（笑，筆者跟著笑）其實我跟 J 小生很久之前就認識了，那時可能緣分還沒到，十幾年前就認識了耶。

筆　者：有啊，她有說她比三姊更早認識妳。

E小生：早很多好不好，兩個彼此看到印象都不錯。〔註50〕

〔註50〕受訪者：E 小生。時間：2009 年 10 月 28 日 16：30～18：30。地點：台南異人館。備註：E 小生受訪時，其友人小美陪侍在旁。

J小生比她姊姊早認識E小生，而且兩人對彼此印象都很好，不過當時兩人身旁都有伴，因而失之交臂。後來E小生與J小生的姊姊交往後，三人曾陷入掙扎難平的心境，詳見前文第二章「從J小生的個案談起」。

以上便是E小生個人的情感經驗，本文將她的心理性別歸類為T，不過她說年輕時沒聽過T、婆的分法，認識J小生後才懂何謂T、婆：

筆　　者：所以妳沒聽過T跟婆？現在才聽到？

E小生：我認識J小生才聽過，真的喔，我沒騙妳，妳相信這種話
　　　　如果在大場面，不用有很多長官，只要在很多人的場面，
　　　　她們姊妹在一起說這個，我會不好意思耶。我到現在還會
　　　　不好意思，就算兩個單獨在講，我也是聽不慣，真的唷，
　　　　尤其是在她家人面前，在我家人面前，不過她在我家人面
　　　　前不會說這個。是說在她家人面前，在□□，在孩子面前，
　　　　有時候講到這個，我都會（壓低聲音）「不要說了！」我覺
　　　　得怪怪的，不好聽啊。〔註51〕

當時訪談忘記詢問〔註52〕E小生不以T、婆角色歸類，那又是以什麼名詞來表達身份的認同。後來再問J小生，她說老一輩的都以「穿褲仔」、「穿裙仔」來分，「穿褲仔」相當於T的角色，「穿裙仔」相當於婆的角色。不過後來求證於E小生時，她說她也不說「穿褲仔」、「穿裙仔」，就自然清楚自己的定位，沒有什麼名詞定位。這讓本文一度陷入困境，不知該怎樣去處理沒有「名分」的性／別觀。然後便有一種體悟，就如同語言文字是約定俗成的，不管有沒有那些被人建構出來的名詞、範疇，並不影響E小生對自己的認同。E小生知道自己是女性，到目前為止也只愛女人，她不會稱呼自己是「穿褲仔」，雖然她不喜歡也不穿裙子；她不懂什麼是T之前，她照樣為別人開車門、提重物；她不喜歡J小生剪短髮，喜歡看J小生穿裙子……E小生活得很自在，本文卻

〔註51〕受訪者：E小生。時間：2009年10月28日16：30～18：30。地點：台南異
　　　　人館。備註：E小生受訪時，其友人小美陪侍在旁。

〔註52〕E小生真的是個很羞澀的人，雖然有過數段感情，但幾乎不在人前論說情感
　　　　世界，更遑論大剌剌談論T、婆觀。這次她為協助筆者完成論文，硬著頭皮
　　　　接受「直搗內心情感黃龍」的訪問，對她真的是萬分感謝，雖然她有些不擅
　　　　言詞，但已極力說出她所能表達的看法。訪問完她還有些歉意地說她真的不
　　　　太會講話，不知道怎麼表達，這樣會不會幫不上什麼忙。讓E小生產生歉意
　　　　感，筆者也覺得萬分抱歉，歉疚之下就忘記詢問她不以T、婆角色歸類，那
　　　　又是以什麼名詞來表達身份的認同。

為了建構理論，硬是把她塞進「心理性別為 T，實際性慾傾向為婆」的範疇裡，好方便進行討論，這是知識系統的盲點，更是筆者學識不足所致。

大抵而言，E 小生之所以會走入女女戀情，跟她本身的性格、曾受男生性騷擾，以及舞台生行的扮演有關。小時候她會覺得自己比較像男孩子，但她並不會否認自己生理性別為女性的部分，也沒想過當個男生，但是當她遭遇兩次性騷擾後，她對男生開始產生排斥感，這多少影響了她的性慾傾向。她不太可能嘗試跟男性有進一步肢體接觸，而後又因為長期的舞台生行扮飾，她總是跟同生理性別的小旦談情說愛，下戲之後的「冷卻」功夫若沒做好，或許就會如謝喜納所說的「每一場個別的表演都會使演員產生短暫的改變，而一連串短暫的改變將導致演員永久的人格變化。」﹝註 53﹞E 小生因先前跟男性不愉快的經驗，讓她在某段時間排除了跟男性發展的可能，（如果當時有男性能消除她的陰影，或許 E 小生的性／別會跟現在不同，但這也只是假設。）而當時她又因為搭別人的班、父親過世等打擊，讓原本個性脆弱的她更加渴望有個依賴，小旦小瓊對她的關心、照顧，讓她們舞台上的關係延續到舞台下，假戲真做，發展出真情感，讓 E 小生真正落實「T」的身份，而 E 小生也喜歡這樣的性／別，所以對她而言，一切就都是自然而然了。

（二）Q 小生──主要行當為小生

Q 小生剛滿二十歲不久，只有過一段感情經驗，不過她自小生長在歌仔戲班，受戲班觀念影響比較深，很值得進一步探討。

Q 小生的生母也是位小生，Q 小生出生沒多久就過繼給生母的妹妹 M，M 也演小生，而且有自己的劇團。Q 小生剛開始不知道自己的母親 M 非生母，也不知道父親為何人。當時她的母親 M 很喜歡偶像劉德華，於是就有人開玩笑地跟她說她的父親是劉德華，天真不懂事的 Q 小生相信了。後來得知自己被騙後，她也不太介意，就把母親 M 當成母親兼父親的角色，尤其母親 M 又經常打扮的很帥氣，崇拜母親的 Q 小生便經常在學校拿母親的照片跟同學炫耀：

> Q 小生：去學校我還都會說：「你看，我媽很帥呴。」（笑）然後我
> 同學就會喔喔喔……

﹝註 53﹞ Schechner, Richard. Between Theater $ Anthropology.（Philadelphia：University of Pennsylvania Press）1985，p126.

筆　者：所以妳完全就沒有過那樣的掙扎？

Q 小生：嗯。

筆　者：應該說妳懂事的時候妳就知道了。

Q 小生：嗯，是。

筆　者：那妳知道 T、婆這樣的概念嗎？

Q 小生：那時候還不懂得 T 婆，就知道媽媽很像爸爸，很像男生，
　　　　可是那時候還有人……（笑）曾經有人跟我說：「妳爸爸是
　　　　劉德華。」因為我媽也很喜歡劉德華，所以我說真的喔，
　　　　因為我媽身邊沒有男生，人家不都是爸爸媽媽嗎？我媽媽
　　　　身邊就沒有爸爸，我還以為我爸爸可能真的是劉德華，他
　　　　在忙吧。（笑）後來就不是啊，不是就自己會去覺得說可能
　　　　就是這樣子吧，就是媽媽就是爸爸。〔註54〕

從知曉人事以來，Q 小生便習慣母親像個男生，而且母親身旁沒有真男人，只
有女性伴侶。因為一直以來都是這樣的狀況，所以 Q 小生不會覺得女人愛女
人是奇怪的事，也就不曾因為自己喜歡上女生而有過掙扎：

筆　者：那妳會覺得自己是先天就喜歡女生？還是後天環境的影
　　　　響？

Q 小生：都有吧，就是她（指 B 小旦）說的耳濡目染，小時候就知
　　　　道媽媽都跟女生在一起，而且媽媽又很帥，穿得很男性化。

筆　者：可是妳受教育的時候，不會覺得有矛盾的地方嗎？因為教
　　　　育給我們就是異性戀的觀念。

Q 小生：不會，我們那個年代，國小就很多小男生，也是男人婆吧，
　　　　就說我喜歡女生之類的，可是她是女生啊，她就說我喜歡
　　　　女生，那時候就會似懂非懂的，然後假裝懂，對啊，完全
　　　　不會排斥。

筆　者：妳沒有過那樣的心理掙扎？

Q 小生：完全沒有。

B 小旦：她們的時代更多。

Q 小生：很多啊。

〔註54〕 受訪者：Q 小生。時間：2009 年 10 月 29 日凌晨 01：00～02：00。地點：B
　　　　小旦臥室。備註：Q 小生受訪時，她的女友 B 小旦陪在旁邊。

筆　者：妳說戲班很多還是？

Q 小生：外面，學校，學校就很多了。

筆　者：國小嗎？

Q 小生：國小就很多了啊。

筆　者：眞的還假的？

Q 小生：眞的啊！而且我還會跟我媽吵說：「媽，我要跟妳穿一樣的，這個有沒有比較小件的？」（笑）然後都會強迫人家帶我去買褲子，然後我都會威脅帶我去買衣服的那個阿姨。

筆　者：可是那時候妳不會認爲自己是 T 吧？

Q 小生：那時候不知道什麼是 T。

筆　者：妳就是比較男性化的？

Q 小生：比較粗魯吧，應該不是男性化，就會比較喜歡跟女生玩在一起吧，可是男生也會啊……可是我跟男生就是那種……把自己當男生就玩得很瘋狂。

B 小旦：可是她小時候也很男性化，就講話方面。

筆　者：會不會是學她媽媽？

Q 小生：有可能。

B 小旦：比如說就有的小孩子跟爸爸一起生活，就會跟爸爸比較像。

筆　者：妳應該是跟媽媽生活的關係吧？

Q 小生：應該吧。

筆　者：因爲妳沒有先天說很排斥要當什麼或是什麼。

Q 小生：沒有。〔註55〕

上小學的時候，Q 小生便曾聽到班上比較男性化的小女孩說她喜歡女生。Q 小生不是很懂對方所說的意思，但似乎在那時，同性可相戀的觀念便悄悄灌注到 Q 小生腦裡，不過 Q 小生尚未意識到實際上那是怎麼一回事，只知道自己動作粗魯，喜歡打扮得跟帥氣的媽媽一樣，愛穿戴跟她相同的服飾，喜歡跟女生玩在一起，但也不排斥跟男孩一起遊戲。而班上女生喜歡女生的風氣，讓她日後更加自然地接受自己是同女身份，沒有因爲自己戀上女孩而害怕、茫然。

〔註55〕受訪者：Q 小生。時間：2009 年 10 月 29 日凌晨 01：00〜02：00。地點：B 小旦臥室。備註：Q 小生受訪時，她的女友 B 小旦陪在旁邊。

　　小時候 Q 小生沒想過要當個男孩，她只是單純地崇拜母親台下的模樣，不過她說她並不特別喜歡歌仔戲，有點覺得那是落伍的，也不常到戲班走動：

Q 小生：就那時候很不喜歡歌仔戲啊，就覺得那個好俗喔！

筆　者：可是妳不是有在演？

Q 小生：那時候還沒有。

筆　者：那時候妳還沒有演，可是妳是崇拜妳媽媽的不是嗎？

Q 小生：我是崇拜她私底下吧，就是也沒有很排斥，不會說家裡演
　　　　歌仔戲就特別喜歡，會喜歡跟媽媽，可是不喜歡歌仔戲。
〔註 56〕

　　當母親 M 跟新戀人 F 交往後，Q 小生轉而崇拜「爸爸」F。其實 F 的外型相當婆，不過在 Q 小生的立場來看，他已有一位媽媽，所以就叫媽媽的女友為「爸爸」，並且十分黏著「爸爸」，總愛跟她同進同出：

Q 小生：然後我媽就……那是暑假吧，還是禮拜六、日吧。

B 小旦：應該是，在新舞台。

Q 小生：反正就遇到假日吧，就媽媽說要開車上台北去看歌仔戲，
　　　　然後就覺得無聊，幹嘛要特地大老遠開車，我還以為我媽
　　　　要去而已，結果我爸爸也要去，那我說好啊，（笑）我也要
　　　　去。（笑）她也要去啊，就很開心，又可以在一起，又可以
　　　　三個人在一起，然後就上台北。那時候看簡介，覺得還好，
　　　　應該很難看吧，（笑）然後就進去看，然後還沒開始演不是
　　　　會在那邊等嗎？我就跟我媽媽說：「媽，我等一下」，不是
　　　　有上半場跟下半場嗎？「我上半場演完要去隔壁新光三越
　　　　逛街，我不要看。」我媽說：「好啦好啦，妳要去哪兒就去。」
　　　　（笑）然後上半場演完，我就跟爸爸說：「爸爸，那個小旦
　　　　很漂亮耶，好像很好看耶，我下半場要繼續看。」（笑），
　　　　然後就繼續坐下來看，然後就看完，然後就開車回來，然
　　　　後就一直想說：「剛剛那個小旦好可愛喔！」（笑）

筆　者：所以就一直對她念念不忘嗎？那時候？

Q 小生：對啊，然後她不是有一幕故意跌倒嗎？（笑）就覺得怎麼
　　　　有歌仔戲演成這樣，原來歌仔戲也可以演成這樣，然後

〔註 56〕受訪者：Q 小生。時間：2009 年 10 月 29 日凌晨 01：00～02：00。地點：B
　　　　小旦臥室。備註：Q 小生受訪時，她的女友 B 小旦陪在旁邊。

就……那時候還會去上網，看看這個人到底是誰，（笑）看
一看也不了了之。之後她不知道發生什麼事吧，就是□□
那邊的事，然後到我們這邊演，我就想怎麼可能！（笑）
嚇到！

因為「爸爸」也要北上看戲，所以本來毫無興致的 Q 小生轉而興沖沖跟著北
上，她很愛跟爸爸、媽媽一起行動，很眷戀三人的世界。到了台北劇院，Q 小
生本來想看完上半場就離席，卻沒想到被劇中的女主角深深吸引。她覺得小
旦（B 小旦飾）好美，好可愛，因此繼續坐在劇院內看完下半場。之後有段時
間她便經常上網搜尋那位小旦的資訊，不過也僅限於此，那時她才讀國中而已。

　　Q 小生怎樣也沒想到，那位曾深深吸引她的小旦會到她家劇團演出，不
過 B 小旦剛來時，Q 小生並沒有認出她，因為 Q 小生知道的她是舞台上的她：

筆　　者：那時候妳幾歲啊？

Q 小生：那時候剛好國中畢業。

B 小旦：她認識我的時候好像是高二……

Q 小生：認識剛好國！中！畢！業！

B 小旦：我是說我來班裡。

Q 小生：對啊，妳來班裡，我就拿著手機去跟妳炫耀。

B 小旦：那時候還沒有……

Q 小生：還沒有入班（Q 小生是接著 B 小旦的話說的，指 B 小旦尚
　　　　未正式入 Q 小生家的班）。

B 小旦：那時候我跟藍藍認識，我都會陪她來這邊演戲，我們那邊
　　　　還沒有發生奸情。〔註57〕

Q 小生：（笑）有有有，那時候她都跟藍藍來這邊演戲，然後……

B 小旦：（笑）我偷吃她的餅乾。

Q 小生：我還偷罵她，我不知道跟誰講說：「厚！坐在藍藍哥哥旁邊
　　　　那個人是誰啊！偷吃我的零食！」

筆　　者：（笑）妳沒有發現這個就是……

〔註57〕 Q 小生愛慕 B 小旦時，B 小旦身旁還有個 T，後來 Q 小生開始對 B 小旦表達
　　　　愛意，B 小旦起先不受影響，認為 Q 小生只是個妹妹，慢慢地卻產生變化，
　　　　所以此處 B 小旦才說「我們那邊還沒有發生奸情。」指那是她還當 Q 小生是
　　　　個妹妹的時候。

> Q 小生：沒有，就奇怪！她看到零食就拿去吃，然後笑又口無遮攔
> 狂笑，看到台上好笑就在那邊大笑。

> 筆　　者：所以那時候妳沒有認出是她？

> Q 小生：沒有，然後就跟我媽說：「媽，妳叫她笑小聲一點，這樣很
> 難看耶！」（笑）很白癡。到最後才慢慢：「蛤！那是妳喔！」
> 就嚇到。〔註58〕

Q 小生國中畢業時，B 小旦陪著女友藍藍到 Q 小生家的班裡。藍藍是 Q 小生家的文場樂師，當藍藍彈琴時，B 小旦就坐在她旁邊看戲。B 小旦是個大刺刺的人，直率、開朗，總是放開一切地大笑，肚子餓了或是嘴饞了，也不管是誰的食物，拿起來就吃，所以剛開始 Q 小生不太能接受 B 小旦的行徑，覺得這個人有點放肆，她怎樣也沒想到 B 小旦就是一、兩年前那位吸引她的小旦，也沒想到日後她會跌入與 B 小旦的愛情漩渦中。

　　高二時，Q 小生會到戲班幫忙「扮仙」，那時 B 小旦已離開她原先的劇團，正式加入 Q 小生家的劇團，她經常幫 Q 小生化妝，Q 小生則很享受 B 小旦幫她化妝的過程：

> Q 小生：就叫我出來幫忙，幫忙扮仙那種。

> B 小旦：然後就是她不會化妝，我就幫她化，那時候我好像專門幫
> 她化妝什麼的。

> Q 小生：對對對，然後在化就很 enjoy 那個感覺。（笑）

> B 小旦：然後有一次，好像是藍藍不知道是去哪裡，我不是自己一
> 個人在阿玲姨那裡嗎，我出門不是都沒有在洗衣服嗎，就
> 丟一大堆在廁所那裡。

> Q 小生：喔，那時候。

> B 小旦：然後就堆一大堆水衣，她就說：「拜託妳要洗，這很髒耶！」

> Q 小生：一個禮拜吧，她（指藍藍）好像去澎湖吧。

> B 小旦：然後她就幫我洗衣服。

> Q 小生：然後就被很多人虧，因為我從來沒幫人家洗衣服過啊，就
> 沒有做過任何家事。

> 筆　　者：那時就很喜歡她就對了。

〔註58〕受訪者：Q 小生。時間：2009 年 10 月 29 日凌晨 01：00～02：00。地點：B
小旦臥室。備註：Q 小生受訪時，她的女友 B 小旦陪在旁邊。

Q 小生：嘿啊，就是那什麼東西都：「我來我來，都我來！」（笑）
然後那時候幫她折衣服、穿衣服，還被我媽媽罵，就說我
都不折公司的，都折她的，然後自己衣服都不用，都用得
亂七八糟，都幫她用，然後自己用得亂七八糟（笑），對啊，
那時候就被媽媽罵啊，然後還是繼續啊（笑），還是沒有改
變啊，然後就這樣啊，然後就一直這樣子吧，然後那時候，
好像有一次不知道爲什麼妳來我們家睡……

B 小旦：好像是藍藍去演戲，我也要去演戲。

Q 小生：她（指藍藍）好像去台中演戲吧，她（指 B 小旦）好像留
在我們這邊演，因爲那時候她入班了吧，就沒有說要去台
中就去台中，然後就在我們家睡，然後那時候我隔天還要
讀書，就一直硬ㄍㄧㄥ在那邊，陪她到三、四點（笑），然
後就硬要她跟我擠在一張床上，（笑），妳有看過我那個雙
層床？我就睡上面……

筆　者：我知道我知道，那眞的很小。

Q 小生：超小的。

B 小旦：我不知道她跟我說什麼藉口，她不知道講了一個什麼藉口，
然後叫我上去跟她睡。

（三人笑）

Q 小生：反正那時候好像三個床位都是空的吧。

B 小旦：兩個。

Q 小生：喔，兩個。〔註59〕

愛情其實是很生活化的，Q 小生因有機會經常與 B 小旦相處，對她的愛慕與
依戀也與日邊增。從不做家事的她會幫一同出門在外的 B 小旦洗衣服、演戲
時會幫 B 小旦折戲服、整理戲籠，當 B 小旦必須借住她家時，在旁邊還有兩
個空床的情況下，Q 小生還竭盡所能勸說 B 小旦與她一同擠在小小的單人床
上，而且爲了這一晚，Q 小生還大費周章重新買床罩、枕頭：

Q 小生：（笑）我就爲了她要來我家睡很開心，我就去買新的床罩，
跟新的枕頭，然後跟我阿嬤要錢，我說：「阿嬤，我要買那

〔註59〕受訪者：Q 小生。時間：2009 年 10 月 29 日凌晨 01：00～02：00。地點：B
小旦臥室。備註：Q 小生受訪時，她的女友 B 小旦陪在旁邊。

　　　　　個什麼什麼的。」然後晚上她來，我阿嬤就說：「厚，原來
　　　　　就是有人要來喔，跟我討錢去買……」

筆　　者：所以妳對她的情愫是在不知不覺中吧……

Q 小生：就慢慢增加。

B 小旦：因為她可能都在我旁邊吧，什麼都一定要問我，在演戲班
　　　　　子裡面也不可能有人在教啊，妳不可能教一個剛學戲的演
　　　　　什麼啊，然後她媽中午又沒有在演，F 也沒有在演……〔註60〕

渴望跟喜歡的人在一起是很正常的事，但 B 小旦當時身邊已有女友，所以 Q
小生曾度過很長一段的情感掙扎期，而也在確定自己愛上 B 小旦後，Q 小生
剪掉家人一直希望她留的長髮：

Q 小生：那時候就一直很希望藍藍趕快出差錯……（笑）

筆　　者：出差錯？

Q 小生：對啊。

B 小旦：她希望她（指藍藍）外遇。

（三人大笑）

Q 小生：因為她還滿那個的。

筆　　者：我知道妳有很長的掙扎期，確定喜歡上她之後……

Q 小生：對啊，那時就很懊惱。

B 小旦：可是她剪頭髮是那時候開始的。

Q 小生：對啊。

B 小旦：我跟她講說……

Q 小生：那時候就有在演生，也有在演旦，如果演到生，胡撒仔就
　　　　　要戴那個披頭，然後她就說：「妳戴那個很醜。」然後我就
　　　　　說：「可是剪短的話，小旦怎麼辦？」她說：「小旦有頭套
　　　　　啊！」我說：「喔，好，那我去剪短好了。」那時候本來很
　　　　　長，也沒有剪很短，好像剪到這邊吧，然後她還跟我說：「不
　　　　　夠短。」（笑）

B 小旦：沒有，妳那時剪那顆頭好像跟妳的假髮很像。

Q 小生：（笑）然後就去剪個還滿男生的頭，然後後來就一直是短頭髮。

〔註60〕 受訪者：Q 小生。時間：2009 年 10 月 29 日凌晨 01：00～02：00。地點：B
　　　　小旦臥室。備註：Q 小旦受訪時，她的女友 B 小旦陪在旁邊。

B 小旦：因爲我覺得剪不剪頭髮是心態的問題，因爲她當初要剪頭
　　　　髮，就是她家的人會怕她會像她媽……

Q 小生：好像是！因爲我一直跟別人說我要剪頭髮，她們都不准，
　　　　我就覺得很奇怪。

B 小旦：她們會覺得說因爲剪頭髮會改變，有時候妳在戲班，剪頭
　　　　髮後就會改變性別。如果妳本身的心態比較偏男性，妳一
　　　　定批判，像我就不太能接受我自己剪頭髮。我剛回去□□
　　　　那邊，她叫我剪頭髮，我不要。其實我本身是婆，可是她
　　　　們就無所謂，可能她們怕說她就滿年輕的，如果把頭髮剪
　　　　掉，她會不會交朋友？她們應該會這麼想。〔註61〕

在刻板的 T、婆概念中，T 通常是剪短髮，婆通常是留長髮的，所以當 B 小旦
覺得 Q 小生根本是個 T 後，便鼓勵她照著自己的心意去剪短頭髮。這給了 Q
小生很大的勇氣，因爲年輕的 Q 小生很在意媽媽、「爸爸」的看法，尤其是「爸
爸」的看法，而她「爸爸」一直希望 Q 小生能像女孩子些，所以反對她剪短
頭髮。當 Q 小生更在意的人──B 小旦鼓勵她時，她便不再猶豫，剪了個滿
男性的髮型，正式跟家裡宣示自己的性別：

筆　　者：可是妳媽媽應該不會反對妳交朋友吧？（此處的朋友指的
　　　　　是女友）

Q 小生：她應該不會反對。

筆　　者：那爲什麼會不希望妳剪頭髮？

B 小旦：當初是 F 阻止的。

Q 小生：是我爸阻止的，其實我媽就是會唸一唸，但其實妳做了，
　　　　她就會說：「算了。」（笑）就這樣而已。

B 小旦：我覺得 F 的心態應該是不希望她……她自己本身她跟在她
　　　　身邊，她會覺得說好像也是自己的小孩一樣，可是那種感
　　　　覺妳會覺得說她是女生，想把她扮成小公主啊，妳自己的
　　　　小孩不是都會這樣？

Q 小生：可能吧，她都出去看到很漂亮的女生，就說：「妳想不想穿
　　　　那樣？」（笑）我說：「不想！」（笑）看到那種辣妹，就說：

〔註61〕受訪者：Q 小生。時間：2009 年 10 月 29 日凌晨 01：00～02：00。地點：B
　　　　小旦臥室。備註：Q 小生受訪時，她的女友 B 小旦陪在旁邊。

「妳要不要穿這樣？買馬靴給妳穿。」我說：「不要！」可
是那時爲了要跟她出去還是要，逼不得已還是要穿。（笑）
〔註62〕

Q 小生自己的母親 M 跟爸爸 F 都交女友，M 應該不會反對 Q 小生也交女友，
不過 F 就比較不希望還小的 Q 小生太早走進女同這個圈圈，所以不只是 B 小
旦所說的那般——F 只是希望把女兒裝扮成小公主的模樣，更重要的可能是 F
希望藉由裝扮強化 Q 小生的女性特質。F 很清楚 Q 小生很黏她，很聽她的話，
所以歷練頗豐、早看出 Q 小生對 B 小旦有情的 F，爲了避免麻煩的情感風波，
盡她的努力要拉住 Q 小生，不希望 Q 小生跟藍藍起衝突，跟家裡鬧革命，但
終究敵不過陷入愛河裡的 Q 小生的固執，三人情感風風雨雨鬧了一場——藍
藍離班了、Q 小生也被媽媽登報脫離母女關係〔註63〕，B 小旦背負眾多罵名。
好在最終還是走過來了，母親畢竟是疼女兒的，並且愛屋及烏，連 B 小旦都
當自己女兒般疼愛。目前 Q 小生與 B 小旦穩定交往中，Q 小生很努力學習生
行角色，努力練功，盡力演好自己被分配到的每個角色，不過她依舊十分排
斥演小旦、彩旦，因爲雖說小旦、彩旦是戲裡的角色，但只要是純女性角色
便讓 Q 小生難以接受。

　　從 Q 小生對舞台旦行扮飾的排斥，說明戲劇絕非只是戲劇，至少在 Q 小
生的感受裡，舞台的性別表演是某種宣示，暗指角色背後的演員性別，演員
不可能完全捨棄自身的性別認同去演繹劇中人物，除非是「女」扮「男」。「男」
扮「女」需要更多的勇氣與調適，這應與長久以來男尊女卑的觀念有關。

　　E 小生和 Q 小生對於自己的性別認同都沒有經過掙扎期，她們在不知何
謂「T」、何謂「婆」的概念前，愛情來臨時就單純地接受自己喜歡同性的事
實，E 小生甚至在沒有女女相戀的氛圍中，「開創」所屬戲班同性相戀的風氣。
不過當初她們雖不知何謂 T、婆，但她們所喜愛的女性都偏「婆」，自己的穿
著打扮和認同則偏「T」，如 E 小生打小就愛穿褲子，喜歡爬上爬下，加上長
期演出小生的行當，她的言行舉止益發中性，但絕不是像傳統概念裡的男孩
個性那般隨性瀟灑，E 小生愛妝扮自己，把自己打扮地很帥氣（這也是廣義的

〔註62〕 受訪者：Q 小生。時間：2009 年 10 月 29 日凌晨 01：00～02：00。地點：B
　　　　 小旦臥室。備註：Q 小生受訪時，她的女友 B 小旦陪在旁邊。
〔註63〕 M 會登報跟 Q 小生脫離母女關係，主要是爲了給樂師藍藍一個交代，加上痛
　　　　 心女兒爲了愛人聽不進家人勸說的言語，所以才故意登報跟 Q 小生脫離關係。

愛美表現）。Q 小生心裡一直也都是喜歡帥氣的裝扮，只是小時候受制於「雙親」愛好，爲討好「爸爸」，才穿起公主裝、辣妹裝，與 B 小旦交往後，她便努力讓自己看起來像是個「T」。

T、婆的分野不僅在於外型裝扮上，只是外型是最易被確認的，就像姊妹情與女同的分野絕不僅止於性慾部分，只是性慾是最易被確認的，像 J 小生與水女就是與同性有了親密的肢體接觸後，才正視自己的性別認同問題，進而確認自己是同女。

簡言之，E 小生和 Q 小生在性／別認同上是單一的，她們的心理性別爲 T，性慾傾向爲婆，心理性別與外在行當成一致現象。

四、心理性別爲婆，實際性慾傾向爲 T

B 小旦是屬於第五種性別越界類型：「心理性別爲婆，實際性慾傾向爲 T。」她的行當雖以小旦爲主，但有段時間她曾轉換行當改演小生。在田調的過程中，D 小生的某任女友也充任小生行當，但她的心理性別爲婆，所以與心理性別爲 T 的 D 小生交往，理論上 D 小生的女友小生更適合作爲這一小節的案例，因爲本文主要探討的對象是坤生，不過當時訪談重點主要在 D 小生身上，所以對於她的女友了解不多，無法作爲完整案例來呈現，因此這個小節便以 B 小旦爲舉證案例。

B 小旦原本不是歌仔戲圈子裡的人，她是在國中時隨著母親去高雄某歌仔戲班探班，因而喜歡上舞台演出工作。剛開始家裡人都很反對她演歌仔戲，因爲她功課很好，可是她卻爲了興趣毅然決然終止學業，十六、七歲正式踏入歌仔戲的舞台，開始衝州撞府的戲班生活。她的母親見女兒這般堅持，便花錢請老師教她身段、武功。

B 小旦的父親很疼她，但是卻對太太很不好，動輒打罵，所以 B 小旦從小就對男性有壞印象，不太喜歡跟異性接觸。十歲初頭的她甚至認爲十個男生有九個是壞的，而她也不可能遇到那唯一的好男人。在情竇初開的年紀，B 小旦也不像其他女同學那樣與學校裡的某些男同學有小小的曖昧或是交往：

　　B 小旦：先天是因爲可能就對男生比較沒有興趣。

　　筆　　者：妳很小的時候就知道了嗎？（指對異性不感興趣）

　　B 小旦：我大概是十幾歲，因爲我在學校嘛，有的人在學校就比較
　　　　　　會跟男生有一些小小的交往，那時候是情竇初開，但是我

比較沒有那種思想。然後再來是離開學校了，演歌仔戲有
第一個男生開始追求我，那種有人追求的感覺不太一樣，
或許是看太多家裡面……就說我爸爸好了，我本身覺得他
不是一個非常好的男生，跟我姊姊啊什麼的，我大概在十
至十二歲那時就認為十個男生有九個是不好的，我不會遇
到那個好的，一直覺得說或許應該不是這樣的，直到遇到
第一個追求我的男生的時候，剛好我第一個朋友也在追求
我，我本來認為那個是不對的，這個是不對的，所以……

〔註64〕

B 小旦開始學戲、演戲的第一年，也就是她待第一個劇團時，就同時有一男一
女在追求她，那時 B 小旦的行當是以旦行為主。跟早先純粹的想法相較，擁
有異性實際追求經驗的 B 小旦更加確定她不喜歡男生，而對於女性的追求，
一開始她也覺得那不是正常的感情：

筆　　者：在那之前妳知道這樣的感情嗎？（指女女的感情）

B 小旦：不知道，因為我那時才十六、十七，我就已經接觸到歌仔
　　　　戲了，就是我還沒有步入社會，然後在學校裡都會覺得那
　　　　些都是在玩的。

筆　　者：第一個追妳的朋友是看戲的嗎？

B 小旦：第一個追我的朋友是演戲、彈電子琴的，那時我才十六歲
　　　　半吧。她不在□□的劇團，我第一次跟她認識，她是給我
　　　　們外調的，是給□□，那是我剛學戲的第一年，還在□□
　　　　演戲，然後我開始是拒絕她，因為我剛接觸的時候我不知
　　　　道那是正常還是不正常，就好像也會覺得那麼的怪。可是
　　　　當那個男生追求我的時候，我跟他講話、談吐之間，我會
　　　　覺得說男生跟女生的差別，就可能覺得男生就是比較自
　　　　私，男生就是會有他們……比方說思想方面會比較大男人
　　　　主義，不懂得體貼女生也有，男女的區別就在於同樣是女
　　　　生，所以她們會懂得女生需要什麼。比喻說最簡單的生理
　　　　痛，男生永遠不會懂得生理痛，他可能會覺得那又沒什麼，

〔註64〕受訪者：B 小旦。2009 年 10 月 29 日凌晨 00：05～01：00。地點：B 小旦臥
　　　　室。

或是那是什麼的，我只是打個比喻，可是女生永遠可以體
諒那種心情，就算她沒有，她也會覺得那應該不舒服，她
們的出發點就會很關心很體貼很溫柔，我第一個朋友會讓
我走上這條路就是因為她很體貼很溫柔。〔註65〕

對於女女戀情的正常與否，B小旦從懷疑到接受，尤其是同期又有異性的追求
做為比較，讓 B 小旦更加肯定自己想要的是女女戀情的知心體貼，在感情方
面很細膩與能感同身受的伴侶：

筆　者：可是那時候妳會覺得這是不對的？

B 小旦：我先跟她說我可能不適合走這條路，然後我丟給她的一句
　　　　話很好笑，可是我不知道那時候我怎會說那句話，我說：「我
　　　　們沒有開始，所以也沒有結束。」〔註66〕因為我們剛開始
　　　　接觸，我剛開始不懂這種關係，跟那個男生的時候，我也
　　　　是覺得我們不適合，然後我就確定說我可能喜歡的是女
　　　　生，我當下拒絕那個男生我就確定。

筆　者：妳的掙扎沒有很久對不對？

B 小旦：有！

筆　者：（笑）妳的掙扎很久喔？

B 小旦：妳說我自己嗎？

筆　者：對啊，就是對於這樣女女情感的認知。

B 小旦：沒有，就剛跟男生交往就確定了，確定之後我就沒有交過
　　　　男朋友，就真的覺得是厭惡，那種厭惡感就除了親人，除
　　　　了我自己的舅舅，除了一些長輩，就□□阿舅我就不是很
　　　　怕，跟□□□她爸爸我也不是很怕，那其她的男生跟我講
　　　　話我就會……至少會有個距離，講話，就是連他的口水噴
　　　　到我，我都會有想要死掉那種感覺，那個時候比較嚴重，
　　　　剛開始比較嚴重。

〔註65〕受訪者：B 小旦。2009 年 10 月 29 日凌晨 00：05～01：00。地點：B 小旦臥
　　　　室。

〔註66〕筆者推測 B 小旦說這句話會不會是受瓊瑤連續劇的影響，這句台詞在瓊瑤某
　　　　部小說裡曾出現。若真是如此，顯示戲劇和人生的關係是無所不在的，戲劇
　　　　的元素會在不知不覺中「滲透」到人生裡，戲劇是人生某些切面的呈現，人
　　　　生也可能模仿戲劇去進行。

筆　　者：他們兩個同時在追妳，剛好可以讓妳有比較。

B 小旦：對，應該可以這麼說，可能也是兩個人的區別大。那個女生個性很好，那個男生我是跟他沒有相處很久，可是我就覺得⋯⋯周遭的人影響給我的，比如說我爸啊，他雖然很疼我，可是我看他那種打老婆、罵老婆的情形，我就覺得：「蛤！男生都是這樣對待老婆的喔？」我本身的個性也比較強勢，我不可能會讓我老公這樣對待我，我應該嫁過去沒幾天每天都在那邊吵架，所以當下就會覺得說⋯⋯還有我媽媽啦，我會覺得說如果我嫁了她怎麼辦？然後就遇到第一個朋友，之後就確定我對男生是有厭惡感的，那時候還有就是男生搭肩膀還有幹嘛的，比較親密的動作，就會讓人不舒服、排斥，甚至會反胃，嚴重到我之後跟男生演戲也會有排斥感。我剛進□□這裡的時候，我跟團長私底下講過，我剛她講，我還記得最明確地跟她講是演《三王子復國》，我們前幾天才剛演，那個角色本身是個公主，她跟那個男生打架，不是打架，是親啊、摸的那種戲，進入到皇宮，她就是覺得她愛上那個男生，然後她就是要阻止他去復仇，有一次她救他，是換女生強暴男生，這樣子的戲，我就私底下跟⋯⋯那個時候我不確定哥哥（指劇團的某個男演員）他的性向，我知道他也是跟我一樣交朋友（指交同性朋友），我叫她姊姊，因為我知道他是偏那類的，然後我就團長說：「就算他不是正常男生，可是我跟他演戲還是會有這樣一份怪怪的感覺，盡量不要讓我跟他有太那個的接觸。」我還這樣跟她說。〔註67〕

拒絕追求她的異性時，B 小旦便確定自己真的不喜歡男生，無法接受男生對她的肢體碰觸，甚至連演戲時，B 小旦也無法接受跟異性演親暱動作，縱然對方是個 gay，是位「姊姊」，B 小旦都無法接受：

筆　　者：所以妳後來可以接受女女戀情。可是像 E 小生就沒有 T 跟婆這樣的概念，後來我從 J 小生口中才知道她們是分穿褲仔、穿裙仔。在妳們的分法裡面呢？

〔註67〕受訪者：B 小旦。2009 年 10 月 29 日凌晨 00：05～01：00。地點：B 小旦臥室。

B 小旦：也是 T 跟婆。

筆　者：喔，那時候妳就已經知道了。

B 小旦：我交朋友的那個時候就還滿多的吧。

筆　者：所以妳那時剛到戲班的時候，在□□的時候，妳就知道這種交朋友的狀況？（指女女交往的狀況）

B 小旦：可是我記得裡面也是我第一個交朋友的耶，她們裡面沒有啊。〔註68〕

B 小旦待的第一個戲班，當時沒有女女交往的狀況（現在已有）。B 小旦是從別處得知 T、婆的分法，而當外調的女琴師正式跟 B 小旦交往後，她所屬的戲班團長很反對這樣的感情，因為擔心會因此失去演員，所以從中阻撓，並通知 B 小旦的母親。B 小旦說：

> 第一段感情談了五年，我跟我媽戰爭大概有兩三年吧，剛開始還沒有被發現就……不知道幾個月，我都是……我媽那時候上晚班的，她去上班我就偷偷出門了，她下班之前我就偷偷回家，然後我記得我有一次，就是□□她哥哥，他們可能不懂這種感情吧，他們就滿排斥，他們也怕被拉走演員，所以他就極力地阻止，就帶我媽去抓我們。然後就去我第一個朋友她姑姑那裡，她也是有個戲團，我忘記叫什麼名字了，然後就去到那邊，然後我媽就在那邊打我，就教我們兩個要斷絕來往，就叫我不能跟她在一起，然後她也被打，被她姑姑打，就叫她要跟我斷絕來往，因為人家家長不同意什麼的，然後她就很卒仔，她就說好，然後我因為這樣子就說：「那我們可以回家了吧。」然後我們就回去。大概斷了不到幾個月沒有來往，也沒有通電話，都沒有，然後我那時候不知道去給誰調，然後她又開始來找我，說那時候是不得已的，之後我跟她在一起，我媽媽好像是裝不知道吧，剛開始就裝作我不知道妳們兩個到底是怎樣，我之後就搬出去外面住，她（指媽媽）就回到阿嬤家裡，我就住外面，她們才慢慢同意，她們兩個才慢慢有出去吃飯，才可以三個人在一起，不然她完全不同意。〔註69〕

〔註68〕 受訪者：B 小旦。2009 年 10 月 29 日凌晨 00：05～01：00。地點：B 小旦臥室。

〔註69〕 受訪者：B 小旦、Q 小生。2009 年 10 月 29 日凌晨 01：00～02：00。地點：B 小旦臥室。

B 小旦的母親一直很期待女兒能出人頭地，她對 B 小旦投注許多心力與情感，當她得知女兒竟然跟女生交往時，十分震驚、傷心、生氣，她使命地打她的心頭肉，希望 B 小旦能走回正軌。而 B 小旦之所以會短暫放棄跟第一個女友的交往，是因爲對方先放棄，不過幾個月後對方又來找她，兩人便又在一起。這時 B 小旦的母親開始裝作不知道她倆又復合，因爲那畢竟是她的寶貝女兒，她不希望爲了此事徹底破壞母女感情，但 B 小旦的母親一直懷抱著有朝一日 B 小旦跟男生交往的期望，她認爲女兒唯有跟異性交往才能真正體悟何謂真感情，而 B 小旦覺得自己是婆，她只會跟 T 相戀、交往，母女倆的心態跟想法明顯有著落差。

不管如何，爲了維繫母女情，B 小旦的母親做了退讓，試著去了解、接觸 B 小旦的女友 BB。BB 對 B 小旦很溫柔很體貼，也供應著她倆的生活開銷，但後來 BB 腳踏兩條船，被 B 小旦發現。BB 希望可以三人一起生活，倔強、強勢又直率的 B 小旦根本無法接受三人行，所以兩人便分手了。不過中間 B 小旦曾有一度心軟，因爲聽說 BB 很傷心 B 小旦的離去，所以 B 小旦曾想要回頭，但當她得知另一個女生已搬入她倆的愛巢，B 小旦便徹底斷了復合的念頭。

無獨有偶，B 小旦第二個女友藍藍也是位琴師。〔註70〕藍藍個性很海派，是個比較「大男人」的 T，習慣扛起女友的經濟擔子，幫女友買戲服等等，因此交過不少女友的她，累積了不少債務。當她跟 B 小旦交往時，兩人經常爲了債務問題頭痛不已，不過 B 小旦很愛她，喜歡跟著藍藍四處演出，縱然有時她所屬的班有戲，因而無法跟藍藍到別班演出，下戲回家後，B 小旦也會故意穿藍藍的衣服，透過熟悉的衣物去營造藍藍依舊在身邊的感覺。

後來 Q 小生介入她們之間，誤會、情緒、兩人本身累積的問題等因素破壞了藍藍跟 B 小旦五年的感情。B 小旦選擇跟 Q 小生在一起，雖然爲此付出不小的代價，但 B 小旦秉持一貫「堅強」的態度，接受命運的安排與考驗。

B 小旦是個很有主見、很有想法的人，所以訪談時大膽地問她關於 T、婆的問題：

〔註70〕 筆者還記得第一次看到藍藍時，誤以爲她是男生，當瞧見她走進女廁時，驚訝疑惑了一陣子，那時才開始質疑她的性別。爲了求證，筆者跟在藍藍後頭，企圖「窺看」她是否有穿內衣來判斷她是男是女。（當時是夏天，藍藍只穿了一件 T-恤）這是自以爲聰明實際卻很蠢、很失禮的作法，後來筆者才曉許多 T 都會穿運動型內衣，或是不穿內衣，所以很難以此判斷對方是男是女。

筆　者：那就妳的了解，縱使是同性，可是性別的範疇也就只有兩種 T 跟婆，然後交往的關係也只有 T 跟婆這樣嗎？

B 小旦：對啊，我本身是比較不贊成什麼 TT 戀，有的只是純粹她們的感覺對了，她們就可以接受，我不能接受，就有的人可以 TT 戀，有的是婆婆戀，我覺得那是心態，因為妳本身是 T 或婆，妳應該要很明確，我不太能接受我現在是婆，等一下又變 T。

筆　者：不是有不分嗎？因為我去查資料，這樣的分法 T 跟婆應該是外國傳進來的，可是現在美國好像不太用 T 跟婆這樣的稱呼，對她們而言這樣像是在複製異性戀那種性別，就是男跟女，T 跟婆好像就是那種感覺，那跟異性戀有什麼不同？只是在模仿……

B 小旦：可是在有的世界裡面本身就是有投錯胎的感覺。

筆　者：這好像牽扯到是不是天生還是後天的？

B 小旦：我覺得大部分先天的就是 T，會是先天的一定是 T，因為她先天具來的條件就是比較男性化，跟她的心態上，就是她會把她自己……穿著也好、個性也好，就是會比較男生，可能她穿著她自己也偏好就是男生的衣服，然後思想就是從不把自己當成女生，這種才是先天的。然後後天的，妳要說婆是後天的嗎？妳也要到妳去交朋友妳才會真正察覺到自己的心態，妳不可能在很小就察覺到自己喜歡女生吧，那是不可能的。就像現在電視上有一個男生，他在很小才七歲還是幾歲，他就已經發現他很喜歡穿裙子，他喜歡幹嘛幹嘛的，喜歡玩洋娃娃，那些心態讓他父母帶他去看醫生，然後醫生跟他講說他可能心理上有確定性別的問題，就是他可能以後會變性，所以他父母也不會排斥，就真的等待他可以變性的時間，就要幫他做這些手術，所以他那個就知道是先天的，因為他是男變女。然後我們 T 的先天就是可能她從小就不喜歡穿裙子，比如說讀小學不是要穿那種百褶裙嗎？有的人就不喜歡，永遠是拿著進去，拿著出來的那種人，她本身就比較男性化。〔註71〕

〔註71〕受訪者：B 小旦。2009 年 10 月 29 日凌晨 00：05～01：00。地點：B 小旦臥室。

B 小旦很清楚自己是婆,也只會愛戀 T,對於 T、婆概念,B 小旦則認為會從小便認定自己不是傳統女性的多數是 T,而「婆」身份的確認可能要等到她戀愛時才會知曉,這跟張娟芬所做的調查是一致的結果,本文的看法也是如此。當然除了某些涇渭分明、嚴守界線的 T、婆之外,還有許多是在 T、婆、異女間擺盪的。

其實歌仔戲演員很少有一開始就固定行當的,總會在或多或少的時間裡轉換或是替代演出另一個行當。像 B 小旦也是從旗軍等龍套角色慢慢升等為小旦行當,而縱使有幾年時間她成為劇團的當家小旦,某些午戲戲碼若是以娃娃生為要角,B 小旦便得捨小旦行當而演娃娃生,因為她所屬劇團的當家小生並不演出午戲,這是因應現實狀況而做的調整。而目前 B 小旦更常演出的行當是「妖婦」、武旦,偶而也得反串一下老旦。這些歌仔戲的行當與營運體制,會讓多數演員有更多的機會串演數個行當,有時在舞台角色不同性別的飾演中,演員會更加肯定自己的性／別認同,有時則是相反,舞台性別的越界也開啟演員對自己性／別的重新思索,下面一小節的案例就多少反應這樣的狀況。

五、心理性別在異、同之間擺盪,實際性慾傾向為男性、婆

關於心理性別在異、同之間擺盪,實際性慾傾向為男性、婆,B 小旦受訪時告知三花小帛 [註 72] 就是這樣的狀況。小帛算是半路出家學演歌仔戲,主要行當為三花,偶爾亦反串小生(副生)行當:

　B 小旦:我知道是花凌跟小帛阿姐。

　筆　者:小帛阿姐?她不是演三花嗎?

　B 小旦:可是那個時候她有時候會演副生。

　筆　者:她不是有結婚?

　B 小旦:對啊,因為她跟她老公的感情半屬於沒有感情基礎,父母
　　　　　作主結婚的那種,所以沒有感情基礎也有,再來就是她老
　　　　　公比較不負責任,所以她遇到誘惑在前面的時候,她會比
　　　　　較控制不住。

──────────

〔註72〕 三花小帛是筆者也認識的藝人,只是筆者一直不知道小帛也曾和女性交往,
　　　　因為認識小帛時,她已婚且有兒女,加上她的行當是三花不是小生,所以筆
　　　　者忽略了每個人都有「越界」的可能性。

筆　　者：她沒有離婚？

B 小旦：沒有，她之後就跟花凌分開了。

筆　　者：很短暫是不是？

B 小旦：還好，大概有一兩年吧，可是這件事情對她媽媽來說，她
　　　　　覺得……所以她還是要顧她的家庭，畢竟她跟她老公有四
　　　　　個小孩，然後她家庭這樣，她媽媽這樣，當然她要求圓滿。
　　　　　然後那個時候，因爲花凌也很花心。〔註73〕

花凌是外台歌仔戲界知名小旦，她看中的小生很少有逃過她魅力的案例，所以她結交過許多小生，也跟男性交往過。已婚的小帛在遇到花名遠播的小旦花凌時，也被她超強的電力吸引，與她交往了一兩年，但最後在母親的勸阻、家庭責任的壓力，以及花凌不斷惹草捻花的狀況下，她才割捨這段情感。

　　無法斷言小帛跟花凌交往時的性向是婆？或是不分，因爲從 B 小旦的訴說中，沒有女女經驗的小帛算是被花凌魅惑而走入女同情慾中。在女同關係裡，花凌應該是婆認同，她欣賞的對象也都是 T 樣的小生，所以小帛性向可能是婆，也可能是不分。

　　在另一個案例裡，主角是一位已過世的女小生，她出生在歌仔戲與音樂世家的環境中：

H 小生：我姊姊是演小生的，戲不錯。八、九歲時跟我阿公的團出
　　　　　去，她就會演了，像是老婆，念喀仔，她就會演，後來就
　　　　　都穿插給她演。我阿公內台收起來後，就散了，兄弟姊妹
　　　　　各自去打拚，我姊姊那時就待別人的團，像是□□□，很
　　　　　多團，都是老一輩的團。她沒有被綁，一直演到我十歲時，
　　　　　我爸爸整班。整班那時我姊沒還在做頭手、二手，她跟我
　　　　　一樣都胡亂做。我們有請兩個做頭手的，一個下午當頭手，
　　　　　一個晚上當頭手，我姊姊沒有，後來有一個結婚了，一個
　　　　　是我最小的姑姑，另外一個結婚去了，就抓我姊姊上來演
　　　　　二手生。到我姑姑也結婚後，我姊姊就頂上來，頂上來後
　　　　　就跟冰仔……冰仔是從台北下來的苦旦，她算是在台北跟
　　　　　人家有怎樣，才到台南，是我最小的舅舅帶她下來的，我

〔註73〕受訪者：B 小旦。2009 年 10 月 29 日凌晨 00：05～01：00。地點：B 小旦臥
　　　室。

　　　　　　舅舅那時在台北嘛，帶她下來住我們的班，就這樣認識了。那時候我姊姊演小生，她演苦旦，算是日久生情吧。

筆　　者：是因為演戲的關係嗎？

Ｈ小生：對對，我姊姊那時是不懂的，是因為冰仔在台北已經交過好幾個了，跟過很多女生。

Ｂ三花：都是跟Ｔ嘛？都是跟穿褲仔？

Ｈ小生：對對對，她都跟小生，她就是跟台北那個小生發生事情，她打人家打到很嚴重才南下的。那個小生就是跟杜□，電視一個杜□，現在都演短劇。

筆　　者：我知道，她不很老了嗎？

Ｈ小生：那時候還不會，那是幾年前了？二十幾年前了，那時候我才十五六歲而已。她下來後，可能是日久生情吧，我姊姊從來也沒碰過這個啊，可能她多少會對我姊姊放電還是怎樣，洗腦吧，然後就開始了。那時候我爸爸很反對。

筆　　者：他知道？

Ｈ小生：我爸爸看就知道，他很反對，問題是她是裡面的苦旦，我爸爸又很疼她，所以我爸爸無法對她……就對自己的女兒，會打我姊姊，就叫她不要玩這個就對了，就打她。後來有一段時間冰仔出國，去菲律賓，去菲律賓又交到一位小生。

筆　　者：也是女小生？

Ｈ小生：對對對，也是演小生的，不對那個還是胡亂演的，有演小生，也有演小旦。

筆　　者：那個小生也是從台灣過去那邊演歌仔戲的嗎？

Ｈ小生：對，她是別團的過去，好像是去一個月還是兩個月，她跟我爸爸請假，不知請一個月還是兩個月，回來後就跟我姊姊提出分手。我了解的是這樣啦，再深入的我就不知道了。我知道她提出分手，就沒再待我們的團了。〔註74〕

〔註74〕受訪者：Ｈ小生。時間：2009年12月25日15：18～16：45。地點：台南市文平路那堤咖啡。備註：Ｈ小生是Ｂ三花的堂姊，訪談時Ｂ三花也陪伴在旁，讓Ｈ小生可以比較安心地受訪。

H 小生的姊姊擔任自家劇團的當家小生時，與班裡的小旦冰仔相戀。冰仔是台北來的小旦，之前也有過數段與 T 交往的經驗，而 H 小生的姊姊算是被引領進入女同世界。那時 H 小生的爸爸十分反對這種感情，會打罵自己的女兒，但未能制止女兒與小旦的交往，一直到冰仔自己出軌另結新歡，才結束這段感情。H 小生說姊姊在分手很久之後，才走入異性婚姻中。因此從小旦冰仔的性向來看，她之前交往的都是「穿褲仔」（即 T，H 小生只知「穿褲仔」，不知何謂「T」），H 小生的姊姊很可能也是扮演 T 角色，而她後來走入婚姻裡，性向轉爲男性，所以本文姑且將之列爲心理性別在異、同之間擺盪，實際性慾傾向爲男性、婆的案例。

就小帛與 H 小生的姊姊這兩個案例看來，她們是因爲舞台演出與小旦擦出愛情火花而走入女同世界，之後兩人又回歸異性戀的「正規」模式裡，她們的戀人都是頗有同性經驗的小旦，可以說小帛和 H 小生的姊姊半是受引導而產生性／別越界現象，而對方會引領她們越界，與她們的小生行當不無關係。

第四節　性／別易動的可能原因

上述六種狀況，個案本身的生理性別都爲女性，而心理性別就難以單一「女性」觀做探討，可以離析出有同女的 T 跟婆，以及異女；性慾傾向則有男性、T、婆等，而她們本身的性別認同與性慾傾向並不是絕對的相反。一般而言，社會所能接受的狀況是生理與心理性別認同是合一的，而性慾傾向與性別認同是相反的，也就是說只有兩種狀況是普遍被社會所接受的：

表二：傳統性／別觀

生理性別（sex）	社會性別（gender）	性慾傾向（sexuality）
男性	陽剛特質	女性
女性	陰柔特質	男性

檢視上述幾個案例，沒有一個是符合上表所列，當然這並不代表所有的歌仔戲藝人、女小生都溢出社會的標準規範，只是社會所定的常規在歌仔戲界，尤其是女小生這一區塊，社會常規並無法貼近眞實人生，常只是一個扭曲的圖像罷了。

　　首先探討甲、丁、戊幾種性／別越界現象，以大方向來看，也就是同性戀之可能的探討。

一、同性戀之可能

　　目前探討同性戀之可能，不同領域的學者有不同的觀點。理查・波斯納（Richard A. Posner）說：

> 生物學者將荷爾蒙、與基因視爲了解同性戀的關鍵點，但心理學者或精神醫療學者卻將個人在兒童期的時候，與父母的關係，以及其他有關兒童期的社會環境之特徵視爲理解的關鍵。〔註75〕

生物學者基本上從賀爾蒙、基因的方向去剖析何以有些人會是同性戀者，是不是導因自其有同性戀基因，或是在賀爾蒙的分泌上出現「不協調」狀況，才導致某人有同性戀傾向。本質主義論者也持相似的論點，認爲「同性戀和異性戀皆爲天生形成而非後天造就。」〔註76〕

　　不過直至目前爲止的研究成果顯示，基因、染色體、賀爾蒙並不是決定一個人是否爲同性戀的因素，不過依舊有人繼續這方面的努力。柯拉茲（Jacques Corraze）《同性戀》說：

> 按巴爾與霍布斯（Barret Hobbs,1954）、布勒雷與威德曼（Bleuler et Wiedemann,1956）、帕赫（Pare,1956）、哈波赫與尼多曼（Raboch et Nedoman,1958）以及普里查爾（Pritchard,1962）等人不同的研究證實，同性戀者或變性人的染色體和染色質性別與其生理性別是一致的，因此，基因的決定論在此範疇內與同性戀無關。〔註77〕

生物學決定論在目前趨於劣勢，但以上述的案例來看，E 小生、Q 小生的「T」特質似乎有著先天的因素，她們從小就不喜歡穿象徵女性特質的裙子，覺得跟男生相處的模式比較像是「兄弟」。Q 小生這些「男性化」的特質也可以解釋成受母親影響，因爲她崇拜母親，因而會學習、模仿母親的言行，造就出她異於標準女孩的特性，但 E 小生的「T」特質似乎眞的是偏向先天的，因爲

〔註75〕理查・波斯納（Richard A. Posner）著、高忠義譯：《性與理性（上）：性史與性理論》（台北市：桂冠圖書股份有限公司），2002 年 6 月，頁 18。

〔註76〕Pepper Schwartz, Virginia Rutter 著、陳素秋譯：《性之性別》（永和市：韋伯文化國際出版有限公司），2004 年 1 月，頁 234。

〔註77〕柯拉茲（Jacques Corraze）著、陳浩譯：《同性戀》（台北市：遠流出版事業股份有限公司），2005 年 3 月，頁 102。

就她所知她所屬的戲班沒有女女相戀的現象，她幾個姊妹也都結婚生子，不曾溢出傳統性／別界線。不過本文並不認爲這就代表類似 E 小生性／別認同特質的人是導因於遺傳結果，或是賀爾蒙、腺體分泌不正常所致，該承認的是單一的性／別認同不一定是正確的，也就是不是只有「男性——陽剛特質——愛慕女性」、「女性——陰柔特質——愛慕男性」這樣單一發展與認同才是正確無誤的，人不該以有限的知識去「規定」何謂正常的人、何謂不正常的人，這其實是一種知識上的謬誤。

生物學決定論應該繼續努力，不過不該以大多數人的結果爲「正常」標準，因爲不是在所有的情況下，多數的結果現象都可以代表「正常」。

暫時轉移生物學決定論的焦點，看看心理學者或精神醫療學者，以及社會建構論者如何說解同性戀成因。Pepper Schwartz, Virginia Rutter《性之性別》說：

> 這兩種理論觀點產生了三種對於同性性慾取向起源的流行假設：（1）此爲經由賀爾蒙、染色體和基金訊息所引起的生物現象；（2）此爲透過生活方式與性機會所習得的社會現象，這個過程在一生中都可能發生；（3）此爲早期童年時各種認同於男人和女人之經驗所帶來的結果，在任何青少年時期的性接觸之前即已成形。〔註78〕

上述引文所提的「兩種理論觀點」，指的是本質主義與社會建構主義兩種觀點。社會建構論和心理學者、精神醫療學者都認爲在童年與青少年時期的生活環境，和其與父母、其他人的接觸是決定關鍵，不過這之中不同的領域還是有不同的見解：

> 同性戀的形成究竟是何原因？是先天遺傳因素，還是後天環境造成？對於此類問題，在現代心理學上，一般不採遺傳論的觀點來解釋。從心理學觀點解釋同性戀者，主要有以下兩種理論：第一種理論是從精神分析論的觀點解釋同性戀。按此理論的看法，同性戀者行爲與幼年生活經驗有關……第二種理論是從發展心理學的觀點解釋同性戀。按此理論說法，個體在青春期性器官成熟，性驅力初起時，當時個體所交往的最親密遊伴，是決定他性心理對象的關鍵。換言之，此一理論所強調者，同性戀的環境影響力，不是父母，而是同儕遊伴。〔註79〕

〔註78〕 Pepper Schwartz, Virginia Rutter 著、陳素秋譯：《性之性別》（永和市：韋伯文化國際出版有限公司），2004 年 1 月，頁 234～235。

〔註79〕 張春興：《現代心理學》（台北市：臺灣東華書局股份有限公司），2008 年 8月，頁 508～509。

　　精神分析學者沿襲佛洛依德以來的傳統，認為同性戀肇因於幼年的生活經驗，尤以跟父母的互動甚為密切。至於心理學的觀點，認為青春期環境的影響會造成個體遵循社會規範走向異性戀之路，或是受「特殊環境」，如女校、男校等同儕的影響而邁入同性戀之途的重要關鍵。以歌仔戲的環境來看，演員多為女生，觀戲者也以女性居多，確實符合「特殊環境」的條件，難怪演員有機會體驗同性戀情，這也就不足為奇了。

　　另外，社會建構論者還強調「此為透過生活方式與性機會所習得的社會現象，這個過程在一生中都可能發生」，也就是說同性戀的形成並不限於幼年的生活經驗或青春期的環境影響，而是終其一生都可能會發生變化。檢驗上兩節的案例，水女、土女是在成年後才產生性別越界現象，就本文田調所知的狀況，有些歌仔戲藝人在還沒踏上舞台表演之前，或是早期的舞台生活，都曾結婚生子，但後來卻轉變軌道，愛上同性藝人，可見性／別的易動與轉換並不限於青春期之前的歲月，確實是終其一生都可產生性／別越界。我們也可以換個角度看，也許正因為劇場是個「表演」且「充滿戲劇性」的環境，使得這些藝人可以時常隨著自己的自由意志去轉換自己的性別角色。

　　同性戀現象在許多民族、在人類發展的歷史裡並不罕見，甚至在某些動物中也是很普遍的現象〔註80〕，但不知從何時開始，它被視為是病態的，是不正常的。一九七四年美國精神醫學學會（APA）決定將同性戀自「心理疾病診斷分類」的項目中剔除，一九八○年出版的DSM第三版則已將同性戀這個名詞從疾病手冊中刪除，且明白指出：同性戀只是一種性行為的方式，與其他方式的性行為一樣，不再視為病態。〔註81〕

〔註80〕　獲得 1973 年的諾貝爾醫學獎得主物種學家羅倫茲：「很多鳥類和魚類也都有『正常』的同性戀。如果你將兩隻鴿子放在一起，那麼牠們必然會配對成雙，牠們築巢，而且交配，只有在牠們不下蛋時，你才曉得原來兩隻都是公的。鵝也有一種難以解釋的現象：兩隻雄鵝可能建立友誼，出雙入對，只差沒有交配。對牠們來說，交配是不重要的，成雙入對的儀式使兩隻雄鵝私守在一起，牠們可能彼此忠誠達十年之久，這也是一種同性戀。街道上的狗，也可能會以另一隻雄狗權充牠『騎上去』的替代對象。所以你問我動物是否也有同性戀？我的答案是『有』，而且方式有成百上千種。」詳見王溢嘉：《情色的圖譜》（中和市：野鵝出版社），1995 年 10 月，頁 301～302。

〔註81〕　莊慧秋等著：《中國人的同性戀》（台北市：張老師出版社），1991 年 2 月，頁 2～3。

探討同性戀成因是為了正視、面對同性戀這一事實，其成因可能是先天的個性使然、可能是家庭因素，也可能是情緒受創的經驗，或是學習的結果，或是環境的造就等等。莊慧秋等著的《中國人的同性戀》表示：

> 這種造成同性戀「不同經驗」的原因，可能是因為賀爾蒙的分泌、
> 家長的影響、教育經驗、同儕的影響、政治社會的因素、行為表達
> 的方式、流行次文化的影響，以及道德上的反叛等。<u>沒有一個因素
> 是可以解釋一切的主導因素，但許多因素交互影響就可能造成此時
> 此刻的「同性戀」者</u>。〔註82〕（底線為筆者所加）

上述幾種成因，幾乎都可從這章所列的幾個案例獲得應證，另外還有一個成因「表演」，它跟性／別的關係，留待第四章再做討論。

二、雙性戀之可能

這個章節所列的十一個案例中，有七個案例是屬於雙性戀者，分別是金女、木女、水女、火女、土女、小帛、H小生的姊姊，她們的心理性別在異、同之間擺盪，也就是跨越同、異的這個部分，實際性慾傾向有男性、T、婆。所謂的雙性戀，依照佛洛依德的看法：「有些人能以與自己同性，或與自己不同性的人為愛戀對象……我們就說這種人是雙性戀者（bisexuels）。」〔註83〕

異性戀的部分不用贅述，社會上多數的人都是異性戀，也一直被視為「自然而然」的現象。「對許多人來說，無須質疑異性性慾取向的起源是因為它似乎是一種自然狀態，且根質於生殖的無上律令。」〔註84〕本文也不想因為研究領域的特殊區塊（女小生）而去否認社會異性戀佔多數的真實狀況。至於同性戀的可能在上小節已做過探討，那可自由進出同性戀、異性戀範疇的人，也就是愛戀與性慾對象含括同性與異性，其根據為何？

佛洛依德認為每個人在幼童時期都具有「雙性特質」，也就是一種「心理雌雄同體的表現」，小男孩與小女孩皆然，他們同樣都對母親有著性渴望，同時也是一種「原初的自戀（primary narcissism）」，「一個小孩因為將自己的認

〔註82〕 莊慧秋等著：《中國人的同性戀》（台北市：張老師出版社），1991年2月，頁25。

〔註83〕 柯拉茲（Jacques Corraze）著、陳浩譯：《同性戀》（台北市：遠流出版事業股份有限公司），2005年3月，頁11。

〔註84〕 Pepper Schwartz, Virginia Rutter著、陳素秋譯：《性之性別》（永和市：韋伯文化國際出版有限公司），2004年1月，頁234。

同投注在一個他所愛的對象之上，進而愛上了他自己：小孩不但對母親產生慾望，同時，透過內化以及與母親產生認同的過程，也會渴望成為母親所慾望的對象。」〔註85〕並且排斥佔據母親關注的父親，只不過當小男孩發現母親「被閹割的性器」而產生恐懼，害怕自己也會被閹割，轉而認同父親，並且將先前的幻想渴望——也就是「伊底帕斯情節」壓入潛意識中，而這時的小男孩也就有了同性戀傾向，但在認同父親的同時，他的「超我」〔註86〕也開始出現，於是小男孩會逐漸朝陽剛特質發展，潛抑亂倫的部分，遵循社會規範，對異性產生興趣。至於小女孩，最初對於母親的愛戀和自戀，在發現小男孩有她匱乏的陽具後，產生「陽具欽羨」，並開始厭惡與她同樣匱乏陽具的母親，認同父親，渴望自己也擁有「陽具」，並以迂迴繞行的方式，從「陽具欽羨」滑到「擁有父親小孩」的位置（佛洛依德認為想要擁有父親的小孩，就是一種想要擁有陽具的慾望），開始伊底帕斯情節女性形式之路，之後女孩也同男孩一樣，走入消解伊底帕斯情節之路，因為小女孩會擔心伊底帕斯情節最終會導致父母雙方都不愛她。

　　關於佛洛依德提出的理論，以陽具為論述中心，雖然一直飽受各方抨擊，但他所提出每個個體在潛意識都有「雙性特質」的部分，卻是很值得令人慎重看待的觀點〔註87〕，佛洛依德認為青少年與成年的性慾傾向源自於孩童時期被壓抑的性慾，而「我們脫離嬰兒時期那種多重型態、雙性性愉悅後，會長久徘徊遊蕩在不確定的狀態中。」〔註88〕

〔註85〕 Kathryn Woodward 著、林文琪譯：《認同與差異》（永和市：韋伯文化國際出版有限公司），2006 年 10 月，頁 352。

〔註86〕 按照佛洛依德理論，人格結構由三個部分所組成，分別是本我、自我、超我。本我是人格結構中最原始的部分，出生時即已存在，遵循唯樂原則，以滿足需要為主。自我是個體出生以後，在現實環境中由本我分化發展而來，遵循現實原則，還就現實條件的限制，並學習如何在現實中獲得需要的滿足。超我是個體接受社會文化道德規範而逐漸產生的，遵循完美原則。詳見張春興：《現代心理學》（台北市：臺灣東華書局股份有限公司），2008 年 8 月，頁 454。

〔註87〕 每個人都兼具男女雙重人格的觀念其實不是由佛洛依德首創，如德國柏林的耳鼻喉科醫師威漢・福力斯，他便曾提出「每個人都兼有男女雙重人格」的理論，此理論震撼、影響了佛洛依德，兩人於 1887 年開始書信往來。詳參瑪格莉特・慕肯伏伯（Margaret Muckenhoupt）著、褚耐安譯：《佛洛依德：潛意識、夢的解析、性學》（新店市：世潮出版有限公司），2004 年 7 月，頁 61～63。

〔註88〕 Kathryn Woodward 著、林文琪譯：《認同與差異》（永和市：韋伯文化國際出版有限公司），2006 年 10 月，頁 356。

依此來檢視情慾在同性、異性間出入的人，那也就沒有什麼怪奇之處了。根據性學大家金賽博士的性研究報告中得知，人的性行為取向可由 0 至 6 分為七個等級：

0：完全異性戀，無任何同性戀成分。

1：大部分異性戀，只有偶發的同性戀。

2：大部分的異性戀，略多於偶發的同性戀。

3：異性戀與同性戀傾向約略相等。

4：大部分同性戀，多於偶爾異性戀。

5：大部分同性戀，只偶爾異性戀。

6：完全同性戀。〔註 89〕

由表中得知，只有「0」是完全的異性戀，「6」是完全的同性戀者，而「1」到「5」可謂是廣義的雙性戀者。至於嚴格定義的雙性戀者，「應該認定他或她在與兩性的性關係中皆能獲得同樣的性高潮，才是雙性戀者。從行為層面來看，雙性戀者可定位在金賽博士分類法的第三級上。」〔註 90〕不過這只是從性行為來做探討，忽略心理層次，本文以為心靈的愛戀感受也應被列入考慮。

若佛洛依德的假設是正確的，每個人在幼童時期都具有「雙性特質」，那雙性戀之可能的問題就迎刃而解了。不過佛洛依德的性學理論很難服眾，但就如同在許多文明社會中都能證實同性戀的存在那般，那些被證實的同性戀現象，許多其實是雙性戀，因而雙性戀也應被視為人類學上的一項事實。佛洛依德的門生暨助手威赫姆・斯泰克爾（Wilhelm Stekel）就認為：「所有人原本的性傾向都是雙性戀。這條規則沒有例外。一直到青春期以前，正常人都表現出明顯的雙性戀傾向。然後異性戀就會壓抑他們身上的同性戀傾向……如果異性戀傾向受到壓抑，那麼同性戀傾向就會浮出水面。」〔註 91〕

訪談時曾詢問 J 小生她家幾個姊妹的性／別易動原因，她認為最主要是環境造就：

〔註 89〕　莊慧秋等著：《中國人的同性戀》（台北市：張老師出版社），1991 年 2 月，頁 3～4。

〔註 90〕　柯拉茲（Jacques Corraze）著、陳浩譯：《同性戀》（台北市：遠流出版事業股份有限公司），2005 年 3 月，頁 12～13。

〔註 91〕　弗里茲・克萊恩（Fritz Klein, MD）著、陳雅汝譯：《異／同之外：雙性戀》（台北市：商周出版），2007 年 5 月，頁 57。

> J 小生：環境！不然妳看，我家的劇團，我家六個姊妹，我們的男
> 　　　　生很少，然後來認識我們的就是都 T，所以……
>
> 筆　者：可是妳姊他們都有結婚……
>
> J 小生：對啊！我現在要説給妳聽，這是免不了的，她們就是都會
> 　　　　和 T 交往，爲什麼會和 T 交往？因爲女生嘛，我不曾和女
> 　　　　孩子談過戀愛一定會好奇啊，但是若有男生追求的時候，
> 　　　　一定會又踏進去另外一個世界。踏進去另外一個世界後，
> 　　　　又會想説跟男生也不一定跟女生好，所以有時候就結婚結
> 　　　　一結，孩子生一生，又是走回之前的路，又是再交朋友，
> 　　　　走回原點，很多啊，我們家姊妹都是這樣子，所以我家是
> 　　　　不正常的……〔註92〕

女多男少的環境，發生女女戀情的機率會比較大，但當有異性追求時，可能
又會想走回「正軌」，當個「正常人」，金女、木女都是這樣的狀況。但跟異
性交往的結果並不會比跟同性交往的生活來得好，所以她們若遇到心儀的同
性，可能就又會跟女生交往。至於土女，她是因爲婚姻觸礁，情感受到很大
的創傷，才由異性戀轉爲同性戀，金女、木女、水女、火女的婚姻也都不美
滿，多數也都遭過先生暴力相待，這也是讓她們幾度跨越同、異界線的原因。
莊慧秋等著的《中國人的同性戀》中説：

> 雙性戀的人，往往是從異性戀轉變過來的。對某些婦女來説，她們
> 是在與男人的關係中受到挫折，或受到強暴、毆打，或受不了大男
> 人主義的折磨，改向同性尋求慰藉。女性對女性也會有佔有欲，也
> 有爭吵的時候，但一般説來，貼心體諒起來則有勝於男人千百倍，
> 此外，由於同性，彼此的共同經驗亦多，容易相互了解。〔註93〕

環境確是能造成性別越界的原因，但環境屬於後天因素，或許應該如佛洛依
德所假設的那般，每個人先天都有雙性特質的因子，才有可能受環境觸發而
顯現雙性戀傾向吧。

　　本文以爲雙性戀之可能，除了先天的雙性特質之外，後天因素可能就包
羅萬象，環境造就、學習結果、身體經驗、舞台表演……各種因素交織而成。
《中國人的同性戀》一書中也認爲：

〔註92〕受訪者：J 小生。時間：2008 年 1 月 18 日下午。地點：J 小生家客廳。
〔註93〕莊慧秋等著：《中國人的同性戀》（台北市：張老師出版社），1991 年 2 月，頁
　　　　22。

很少有人這一生的「行為」和「感覺」完完全全百分之百是以同性
或異性為對象，所以真正「純」的同性戀和異性戀在世界並不多。
目前大家所謂的同性戀或異性戀，只不過是在某一段特定時間內，
主要對象是「同性」或「異性」罷了。其實，有不少人「在這兩者
間旅行」的。〔註94〕

很多人確實是「在這兩者間旅行」，但人類性慾範疇也不只是同性戀、異性戀、
雙性戀而已。Pepper Schwartz, Virginia Rutter《性之性別》說：

「有多少人，就有多少不同的性、不同的性慾取向」，因此，社會所
呈現出的其實是由各種不同性事所形成的光譜連續體分佈。〔註95〕

多元的性／別觀，讓性／別界線變得十分模糊與容易跨越，本章主要想彰顯
在歌仔戲藝人的真實生活裡，呈現的就是這多元的性／別觀，尤其是「戲班
的異質空間使得同性戀與跨性別者的性別異議有了被理解與不被特別注目的
自在可能。」〔註96〕而對於這樣的現象，除了戲班這樣特殊的環境與上述所
說的各種成因之外，下一章節便要集中焦點探討「性別與表演」的關係。

〔註94〕　莊慧秋等著：《中國人的同性戀》（台北市：張老師出版社），1991年2月，頁
23。
〔註95〕　Pepper Schwartz, Virginia Rutter 著、陳素秋譯：《性之性別》（永和市：韋伯文
化國際出版有限公司），2004年1月，頁xiii。
〔註96〕　鄧雅丹：《《失聲畫眉》研究：鄉下酷兒的再現與閱讀政治》，清華大學中國文
學系碩士論文，2005年7月，頁53。